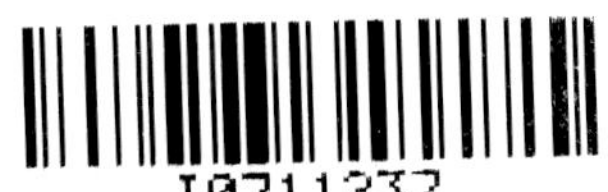

Smile Sparkle & Shine

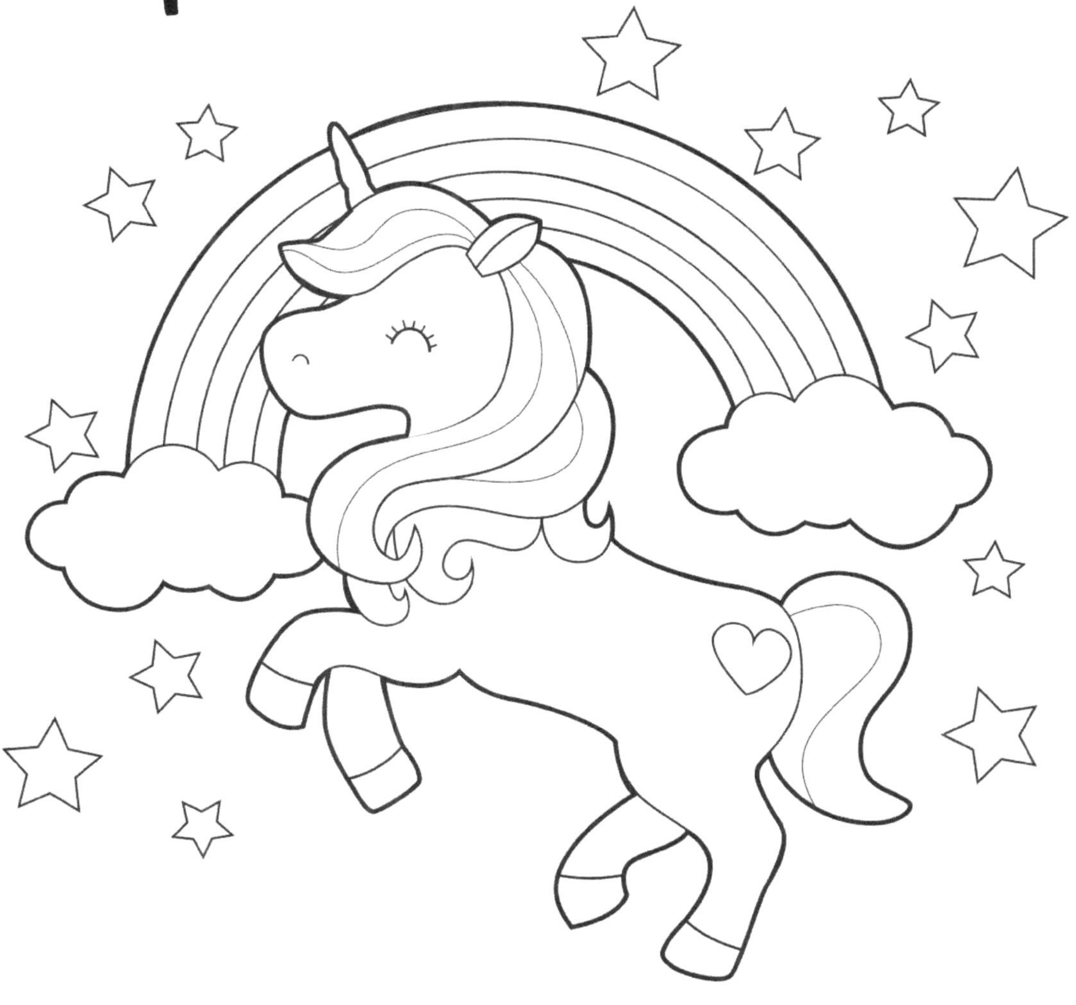

ESTE LIBRO PERTENECE A:

____

____

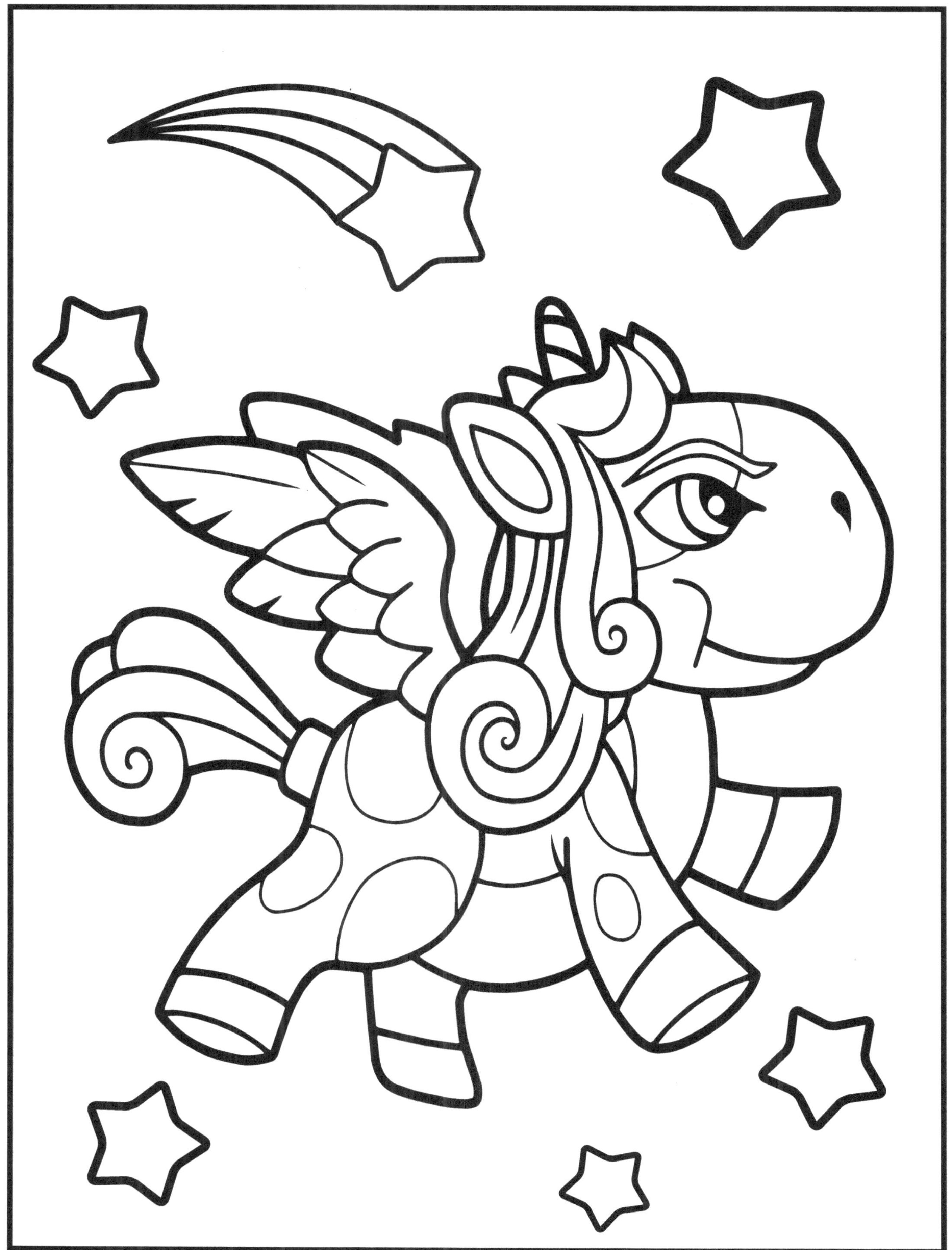

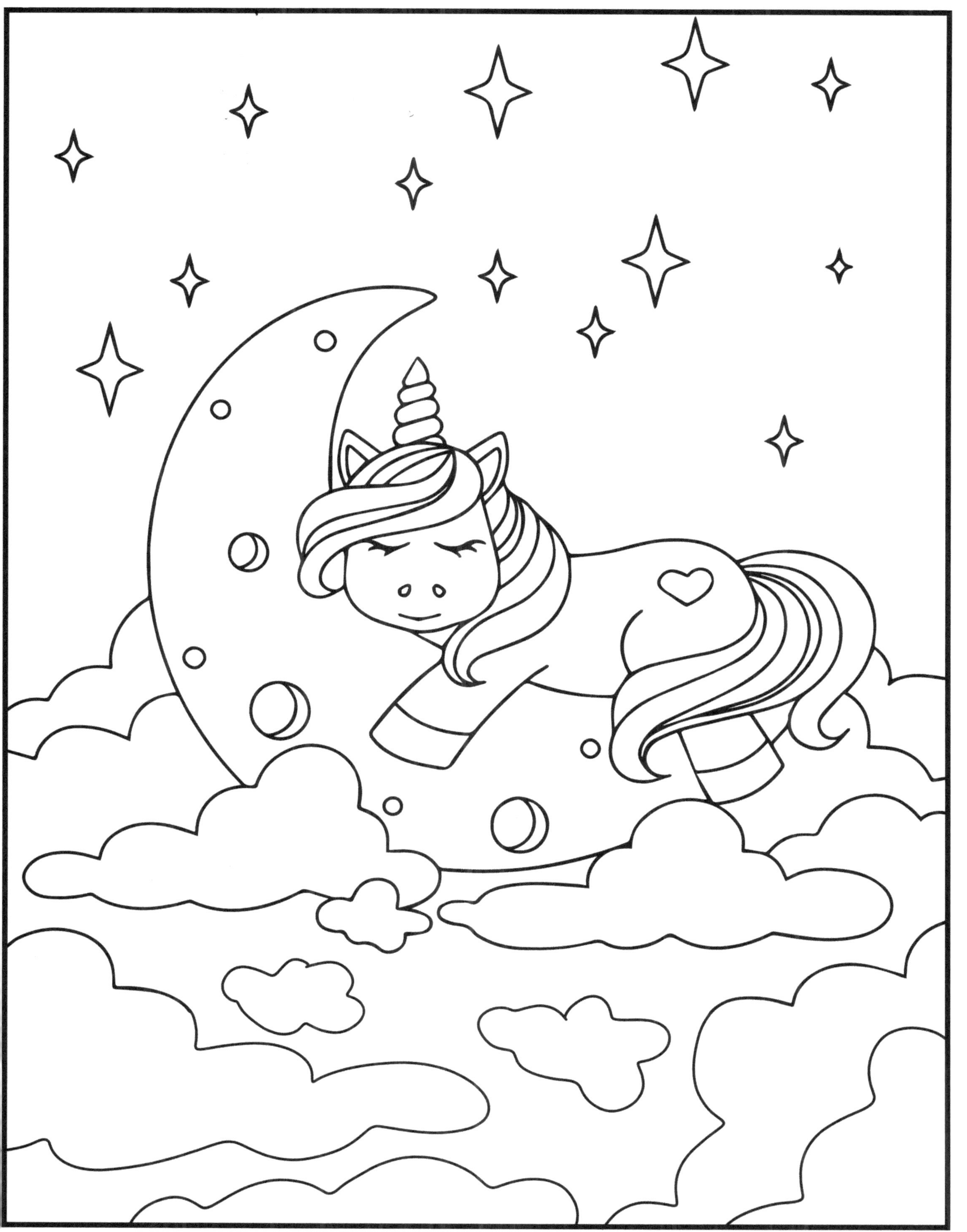

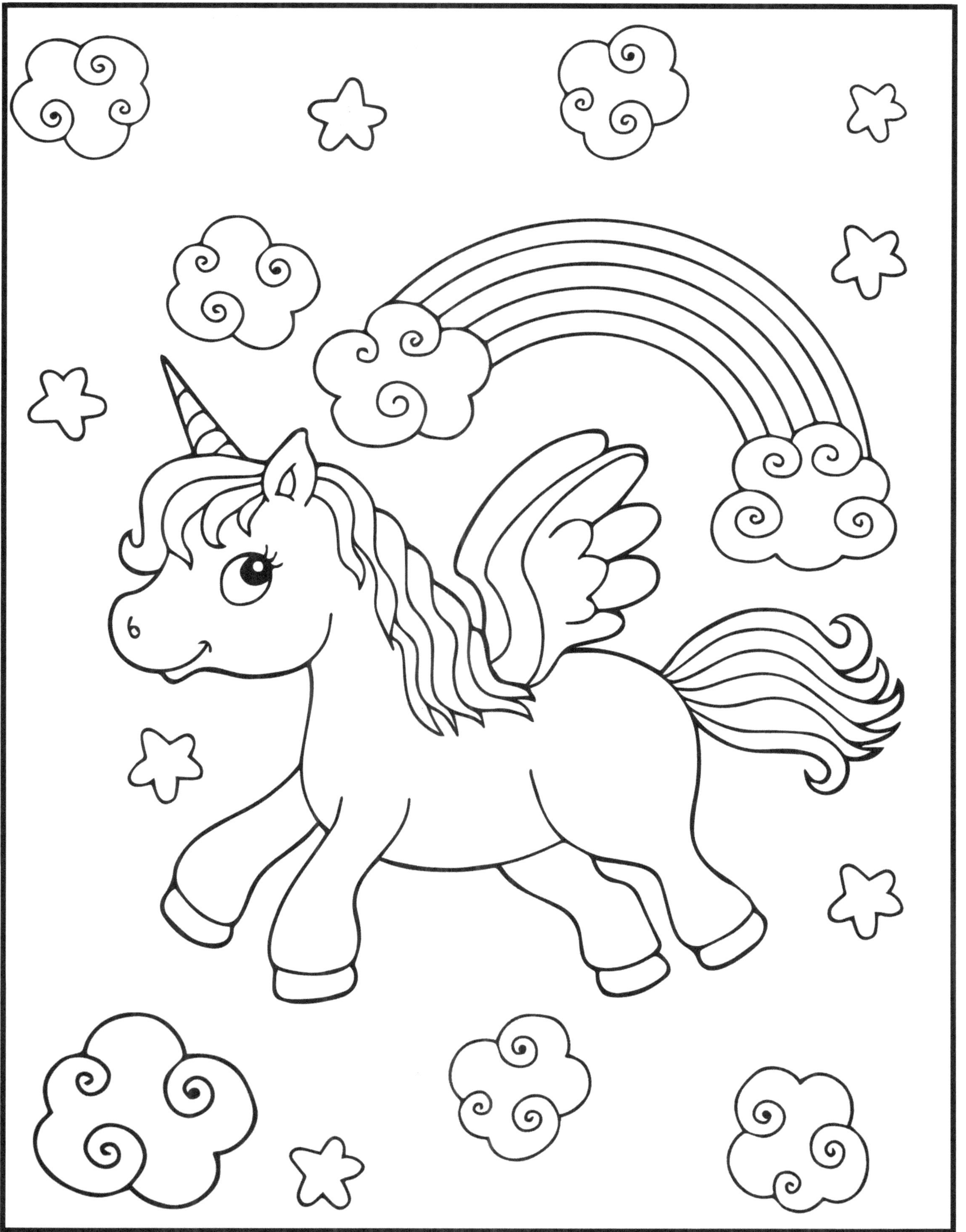

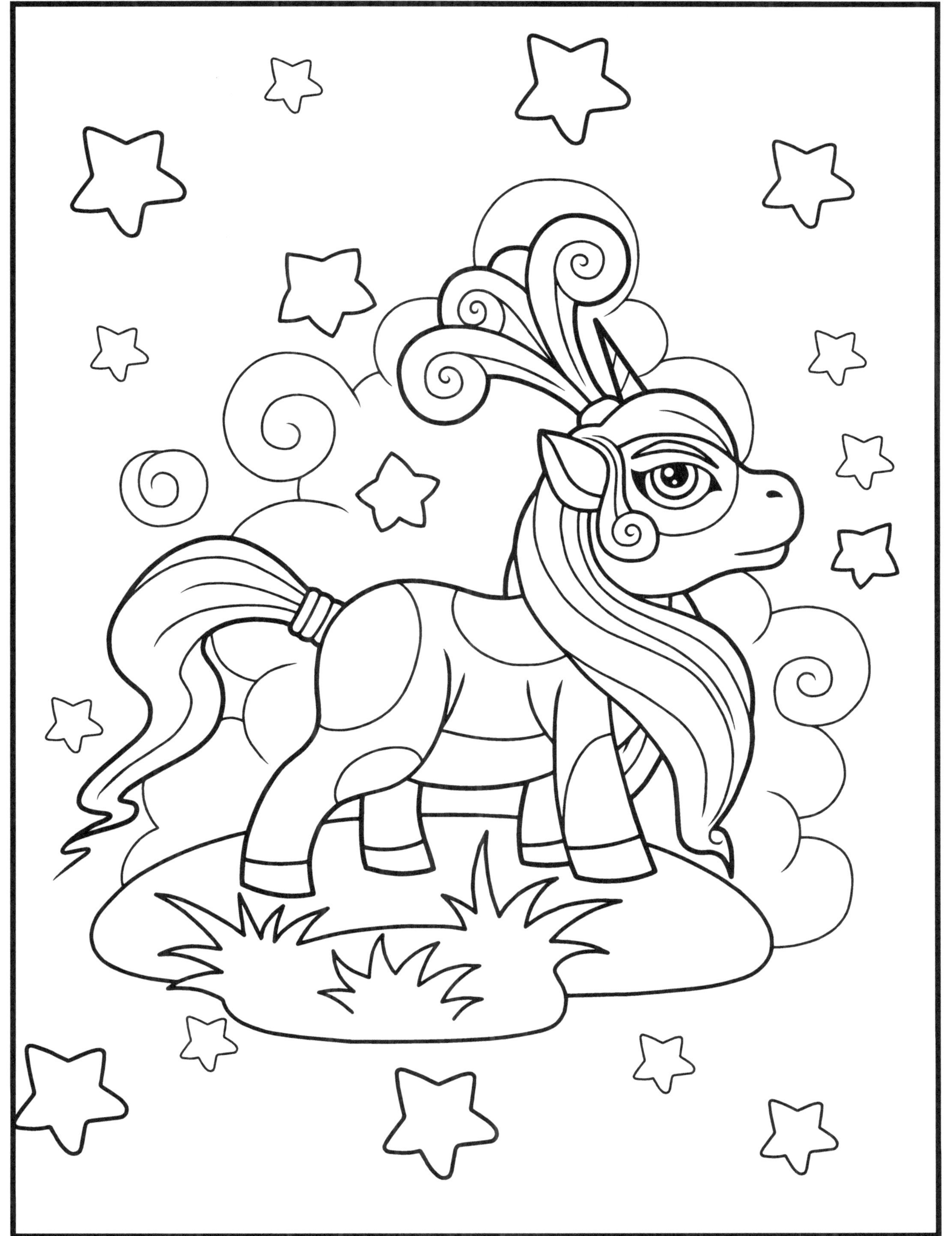

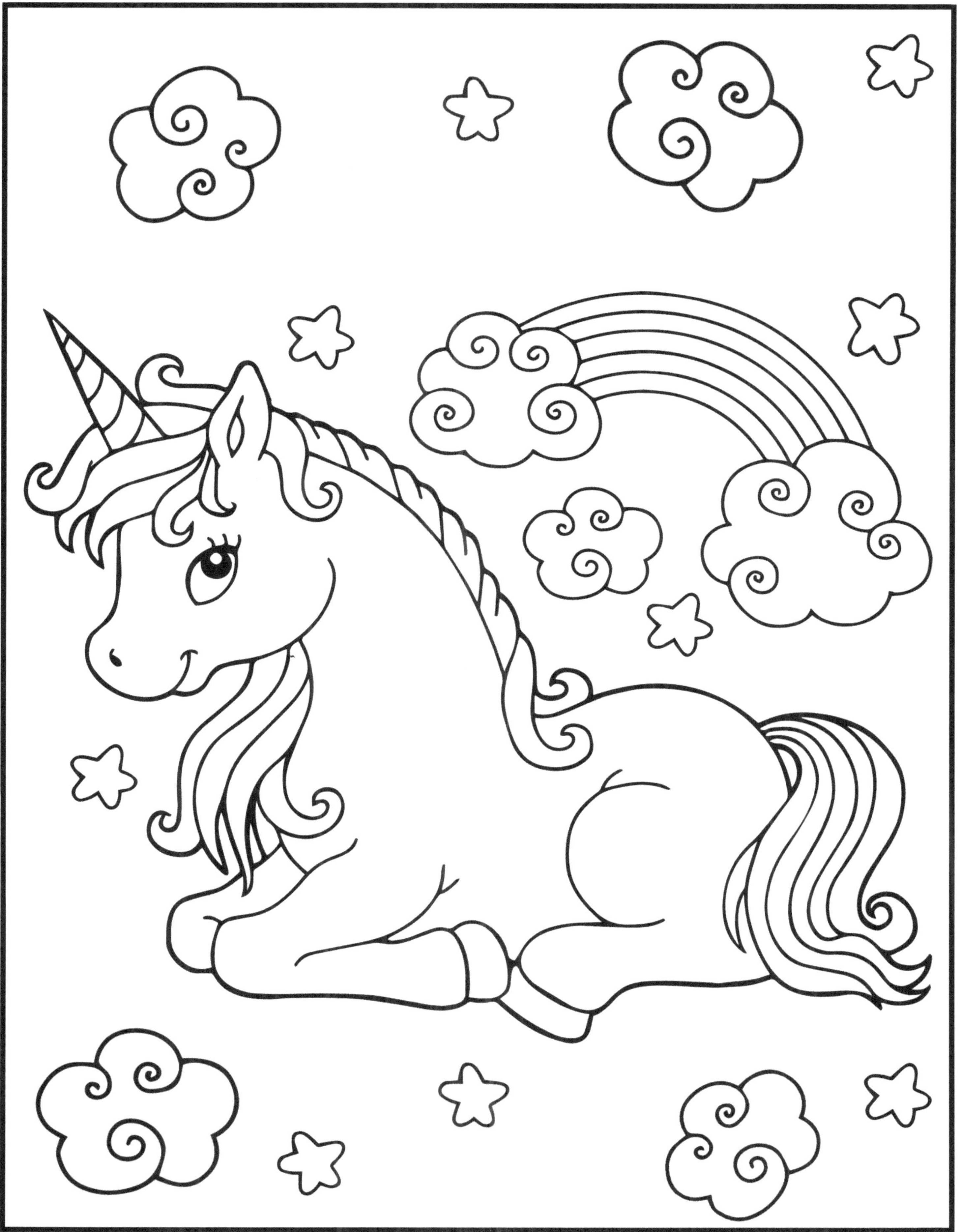

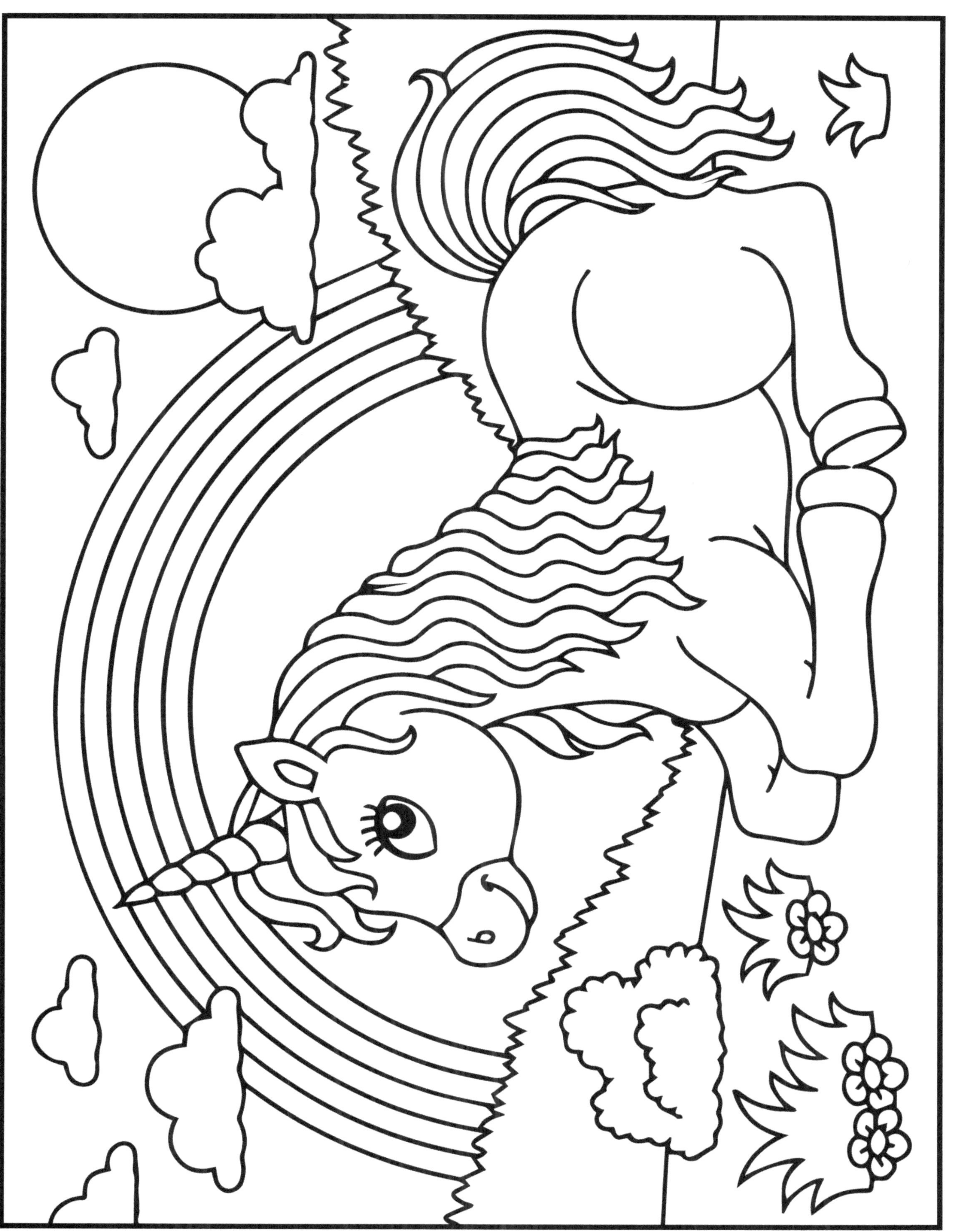

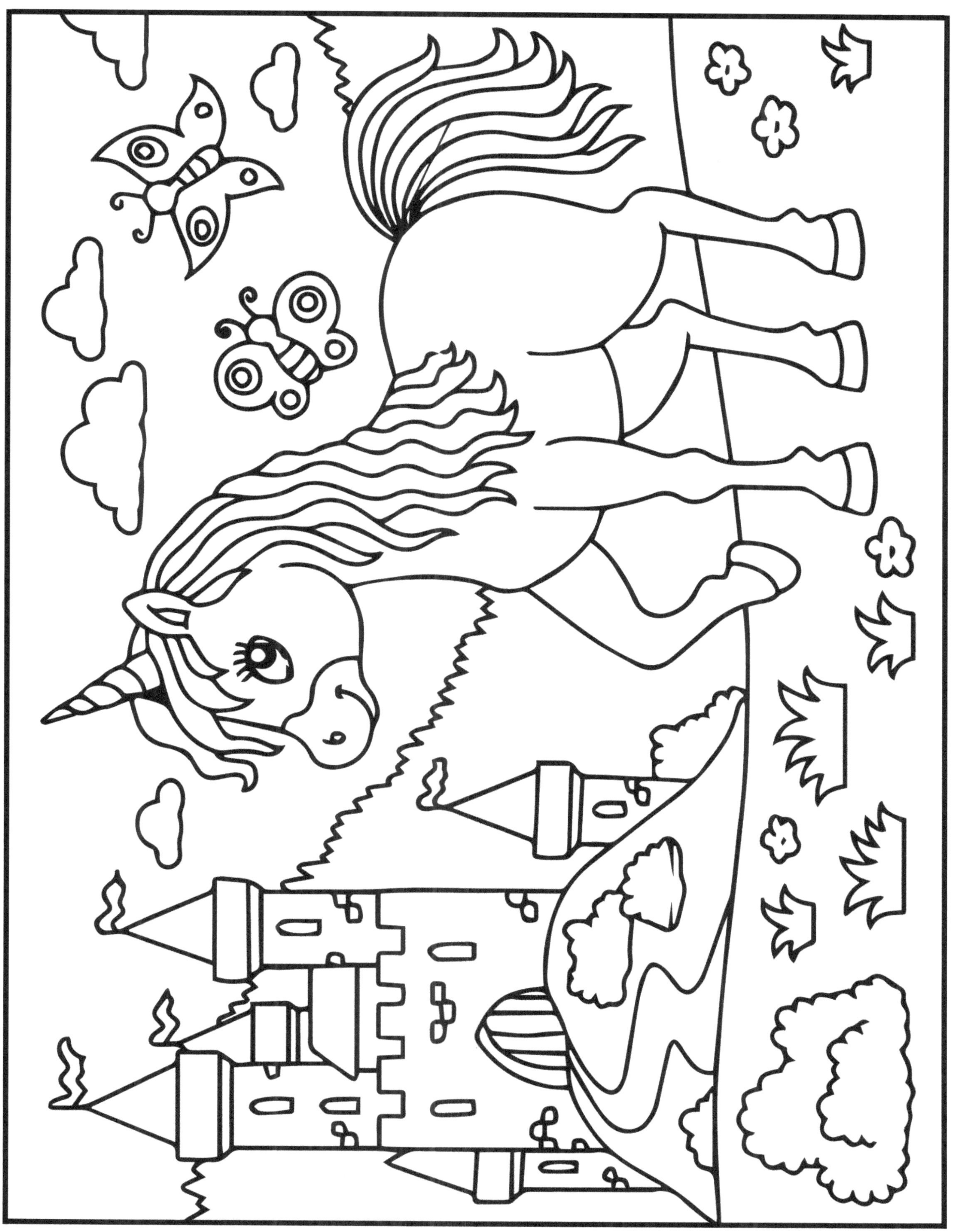

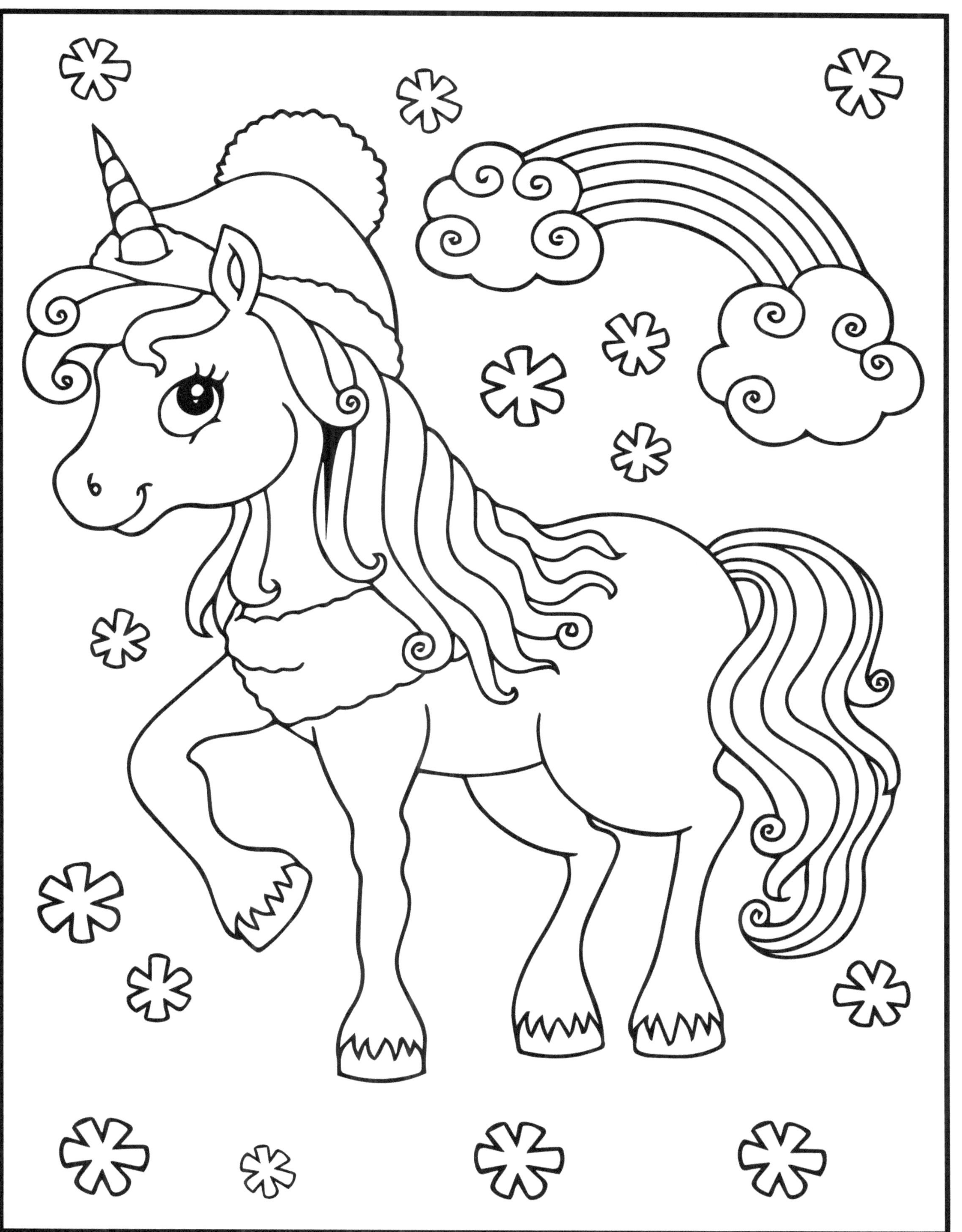

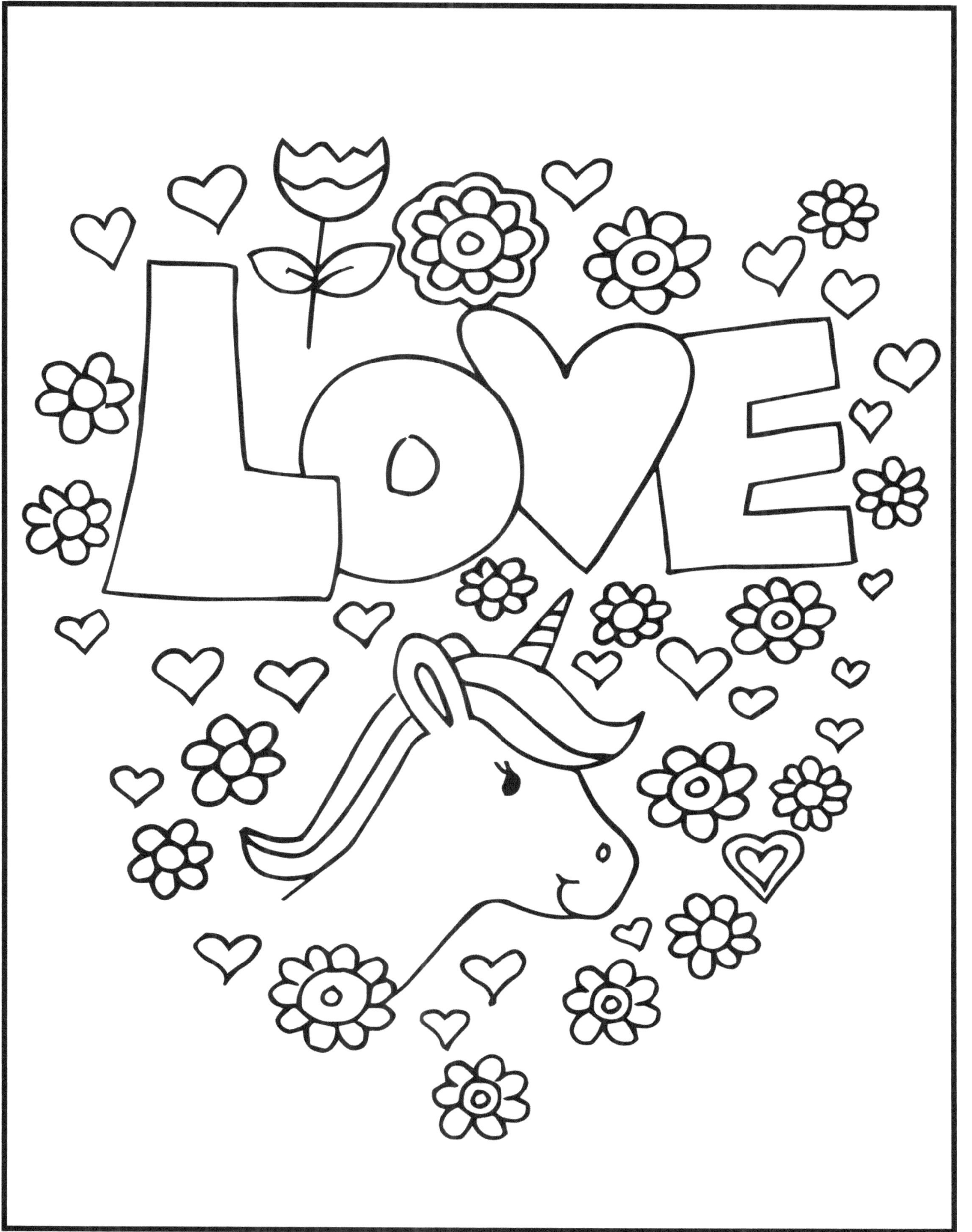

LOVE

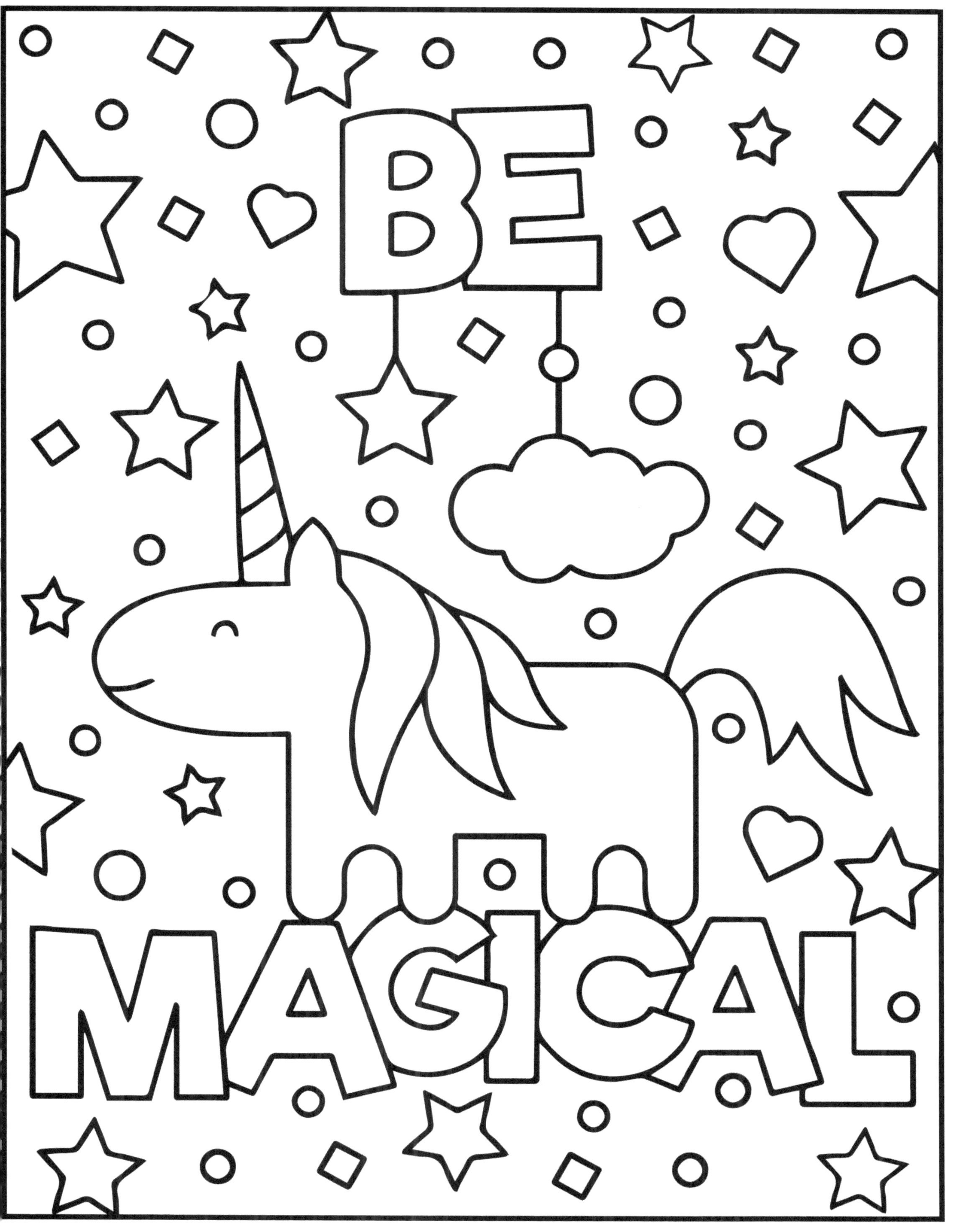

BE
MAGICAL

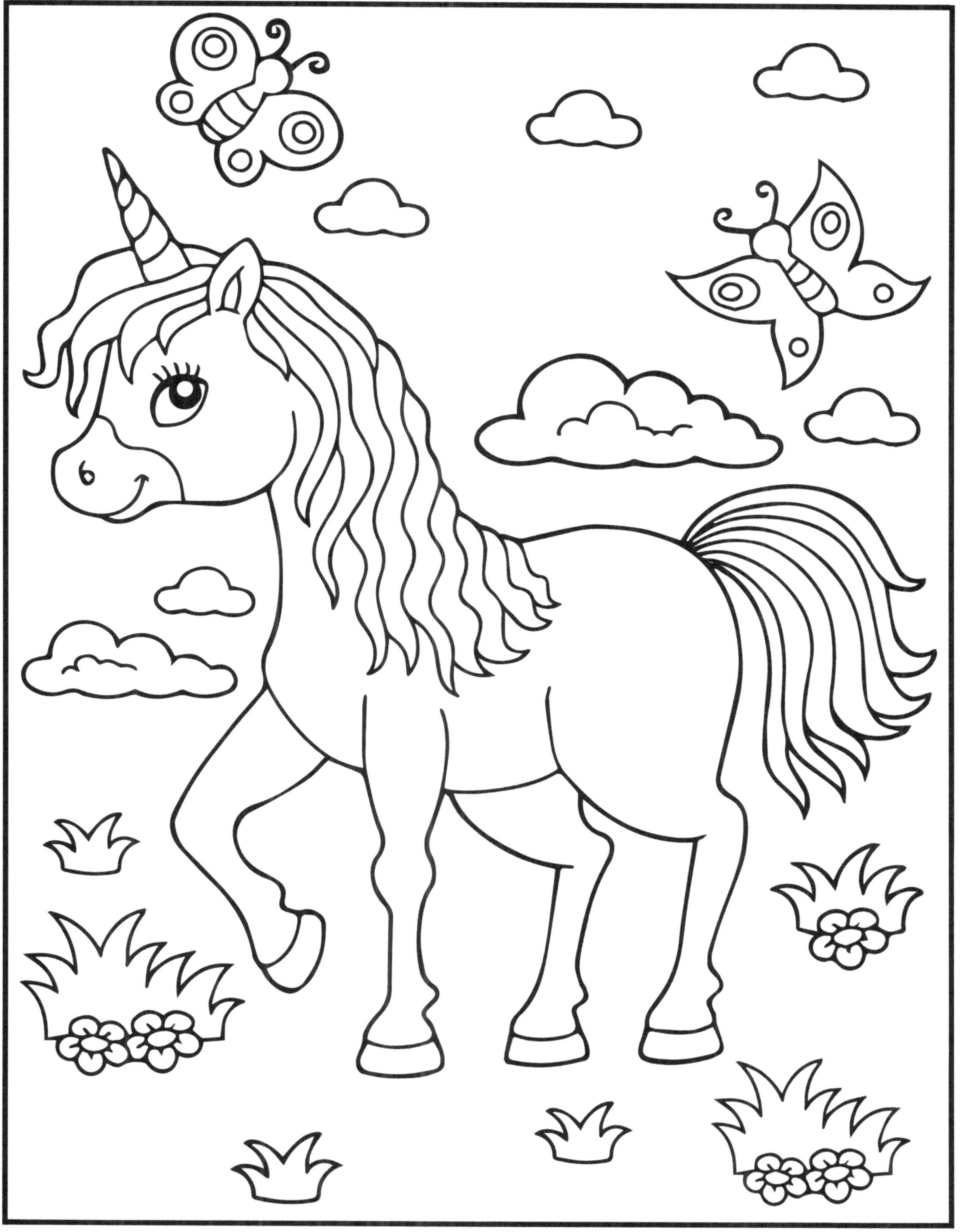

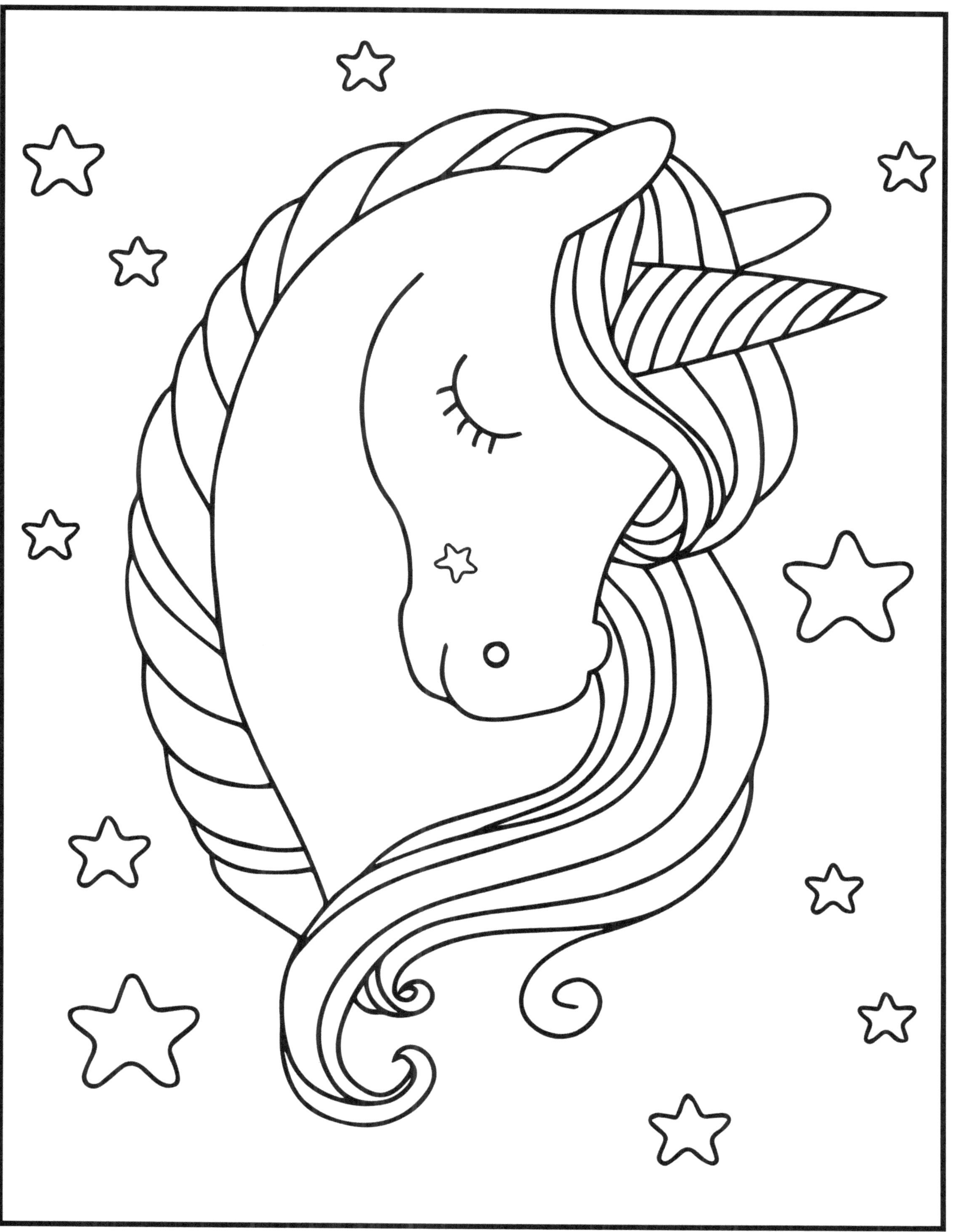

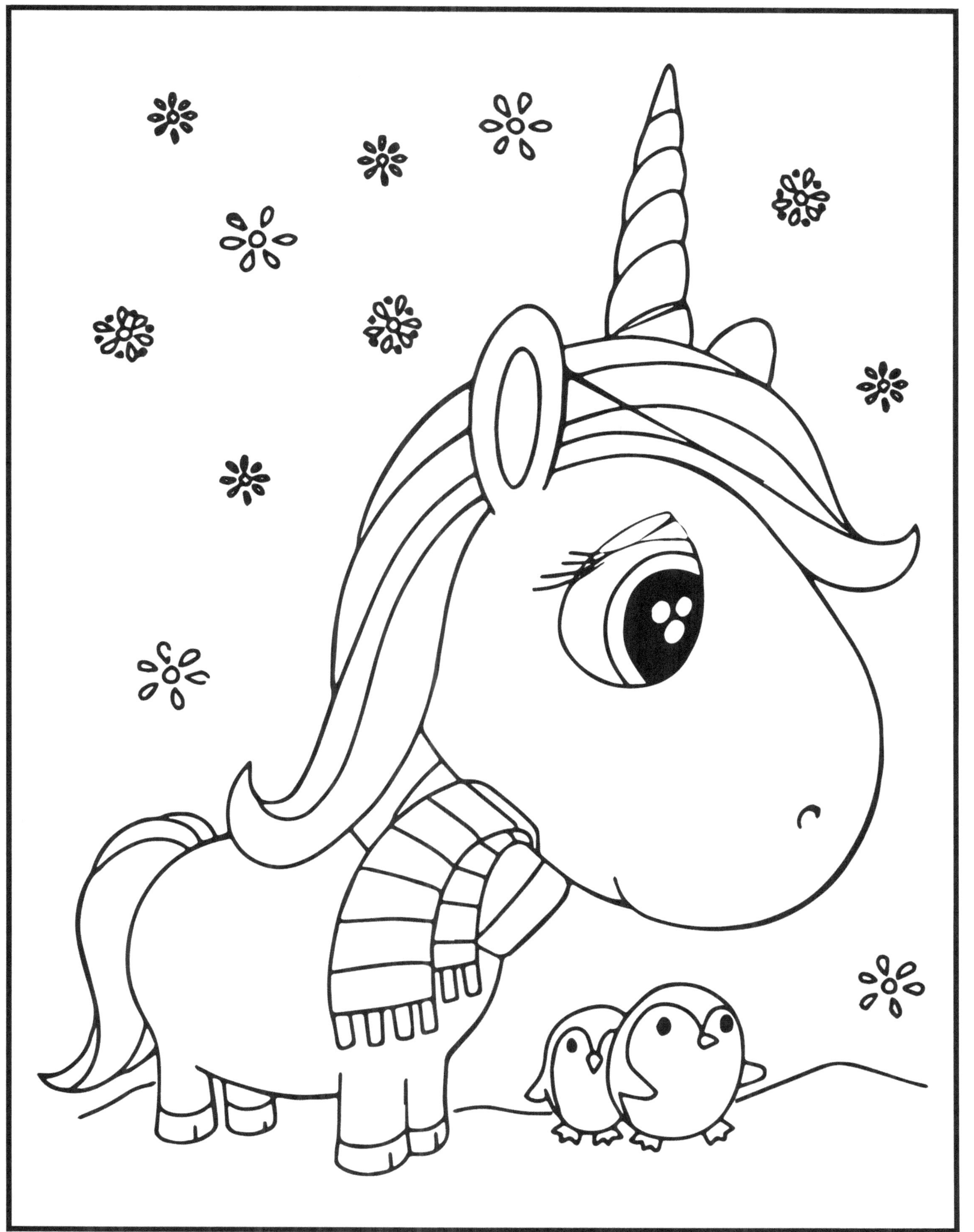

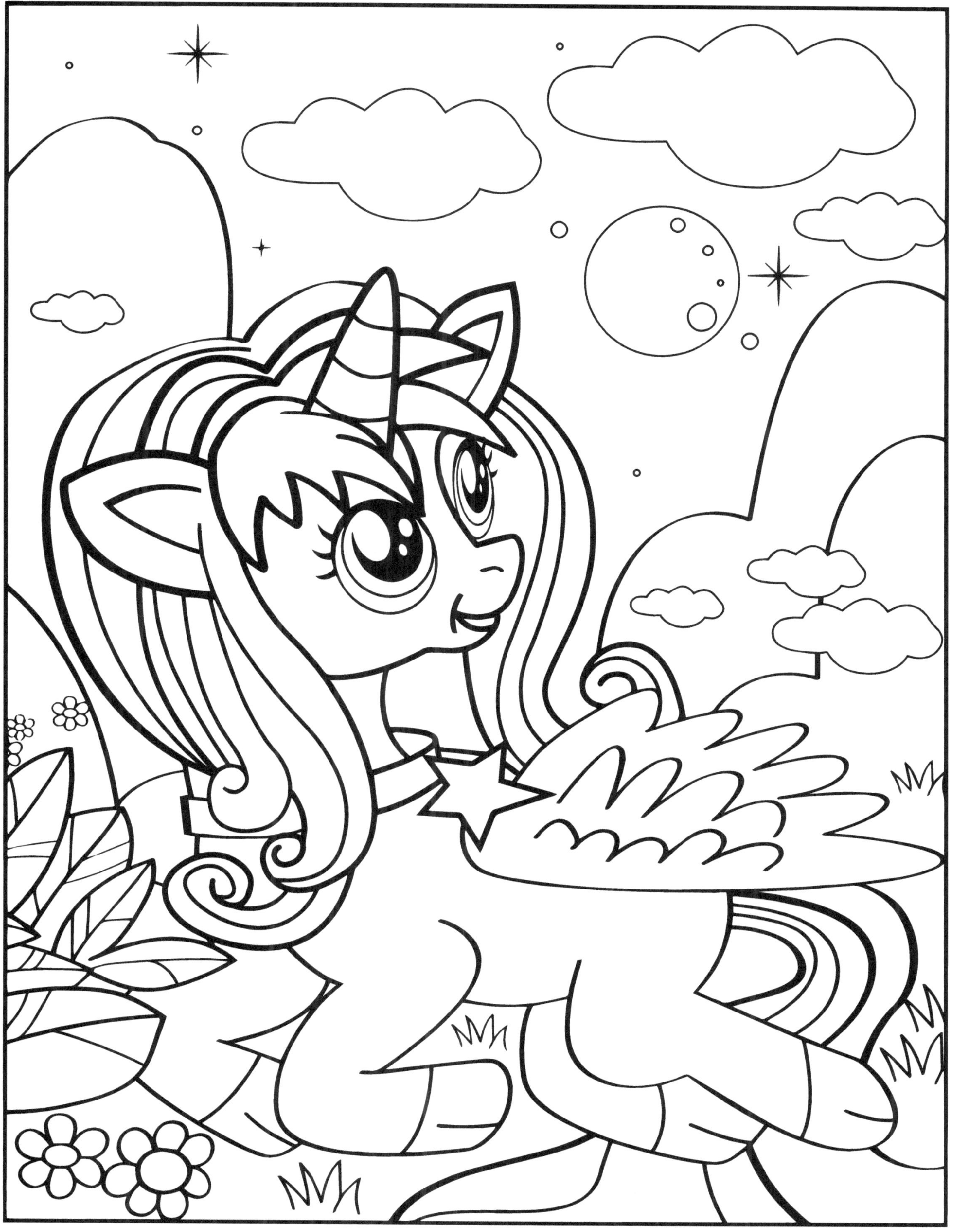

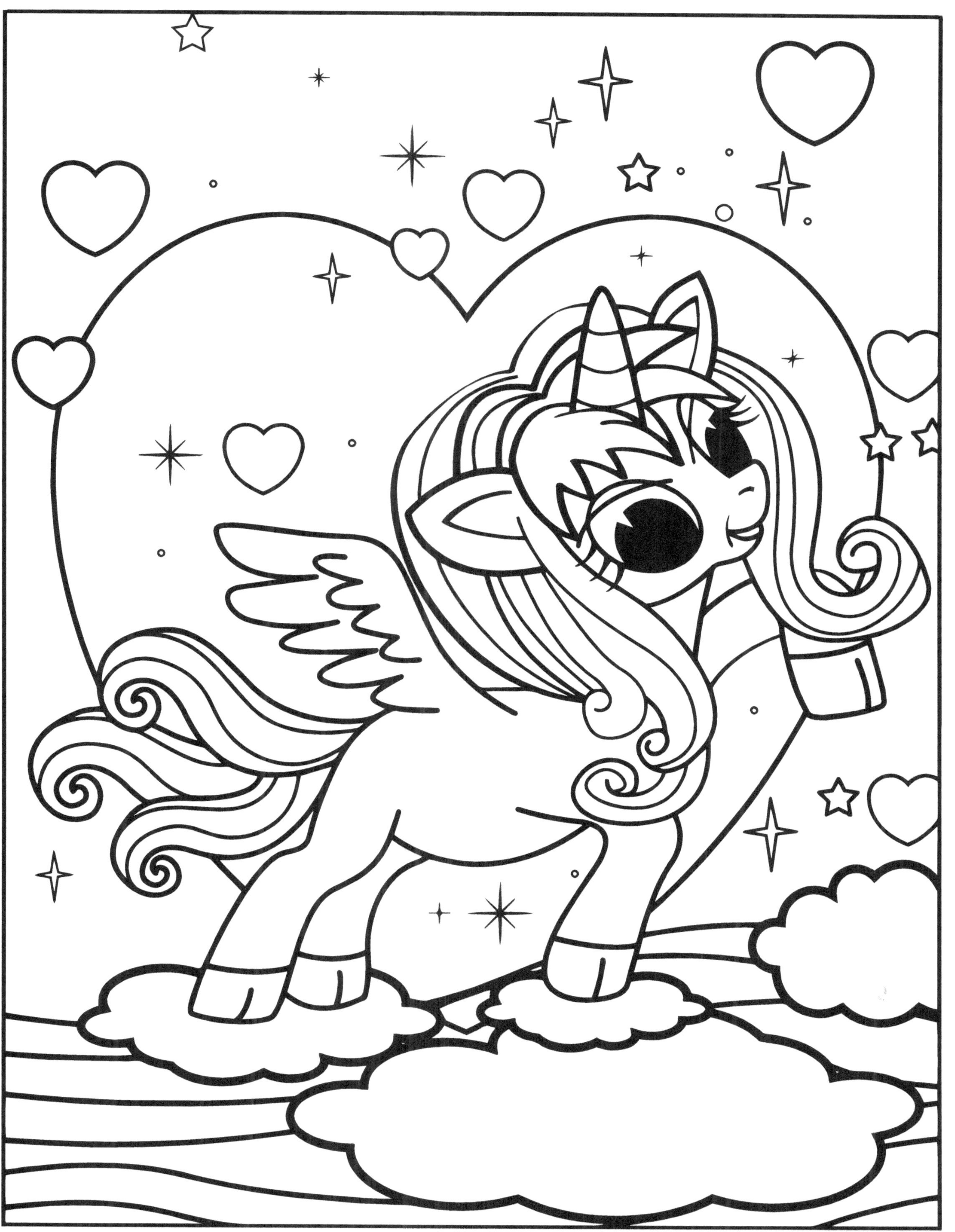

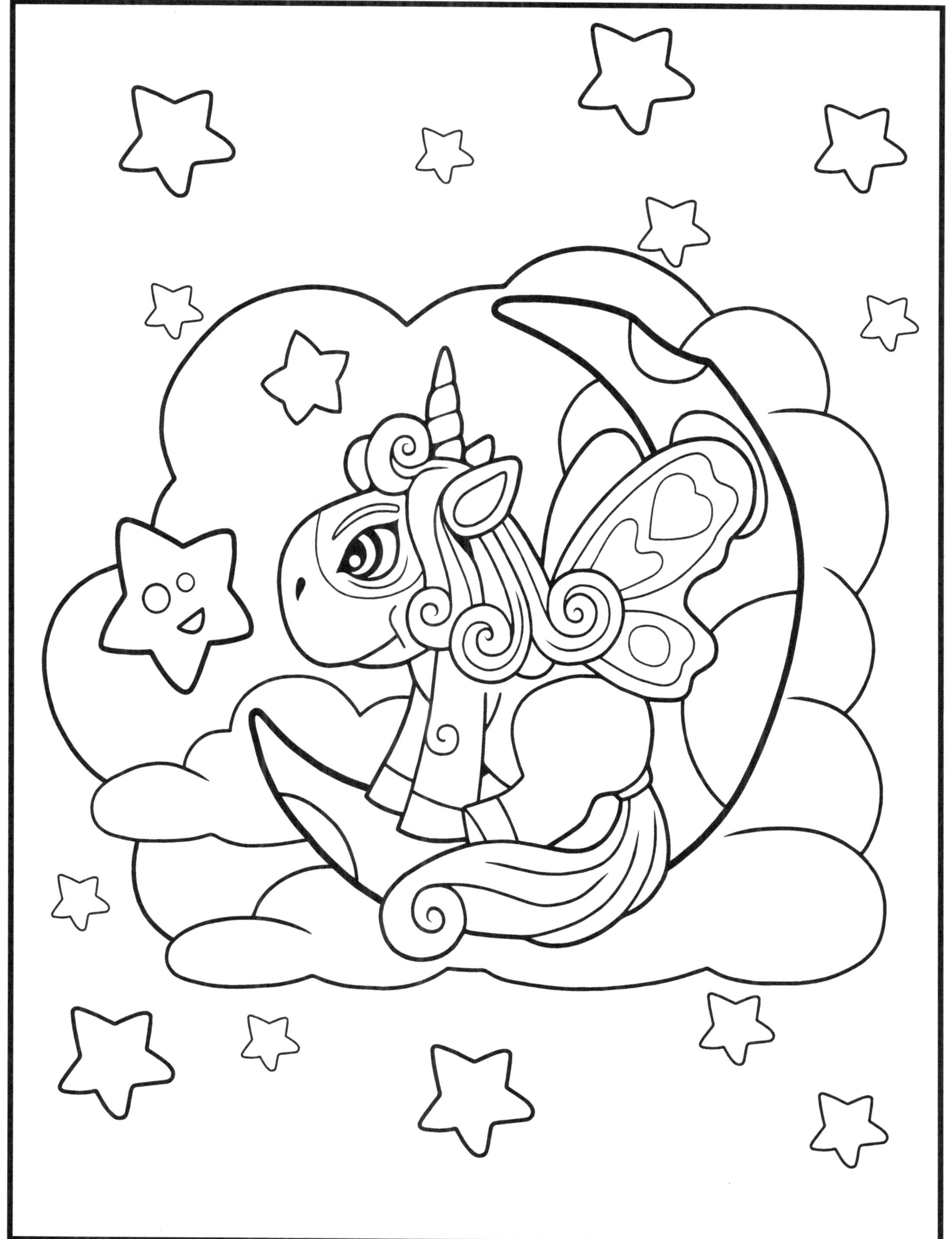

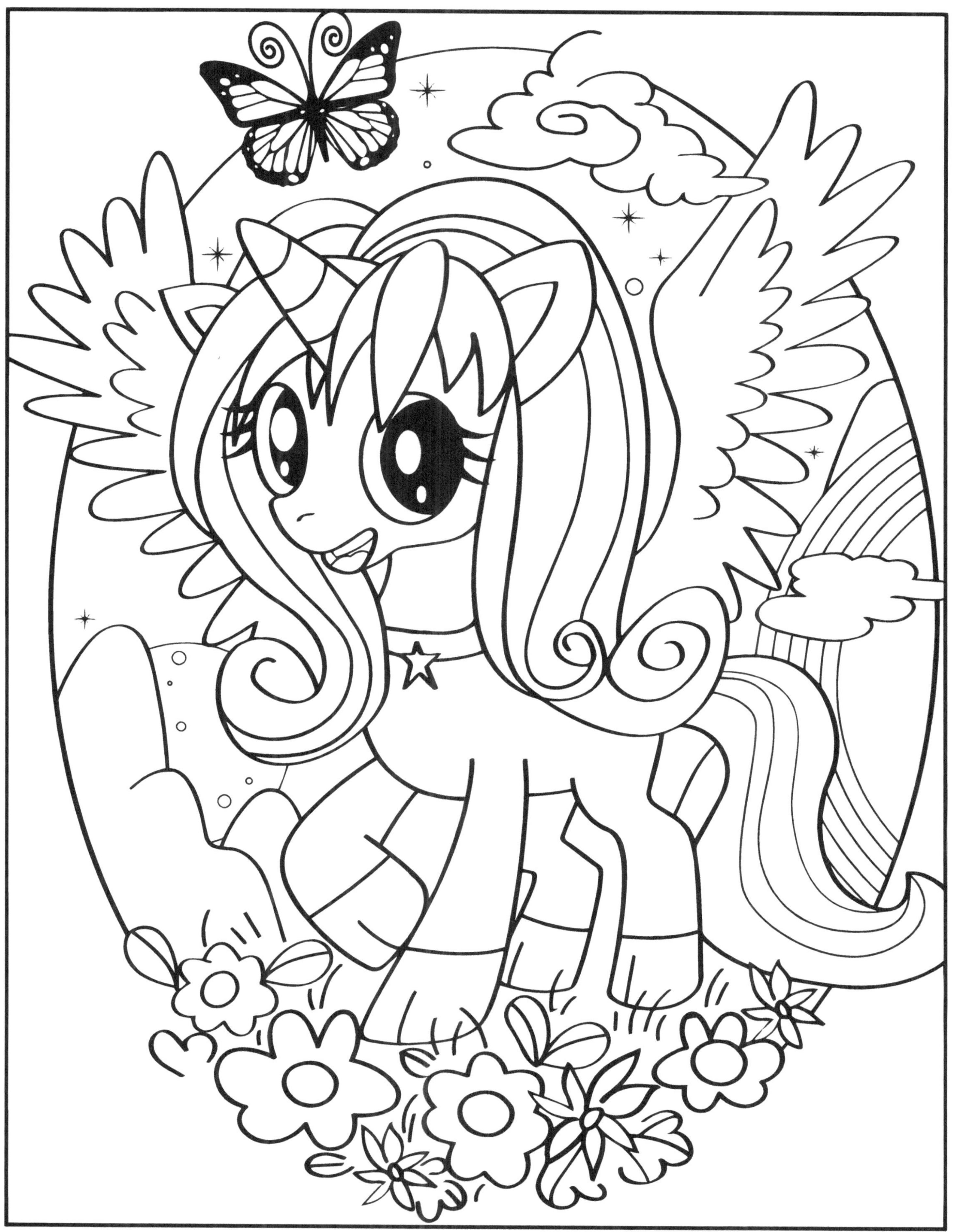

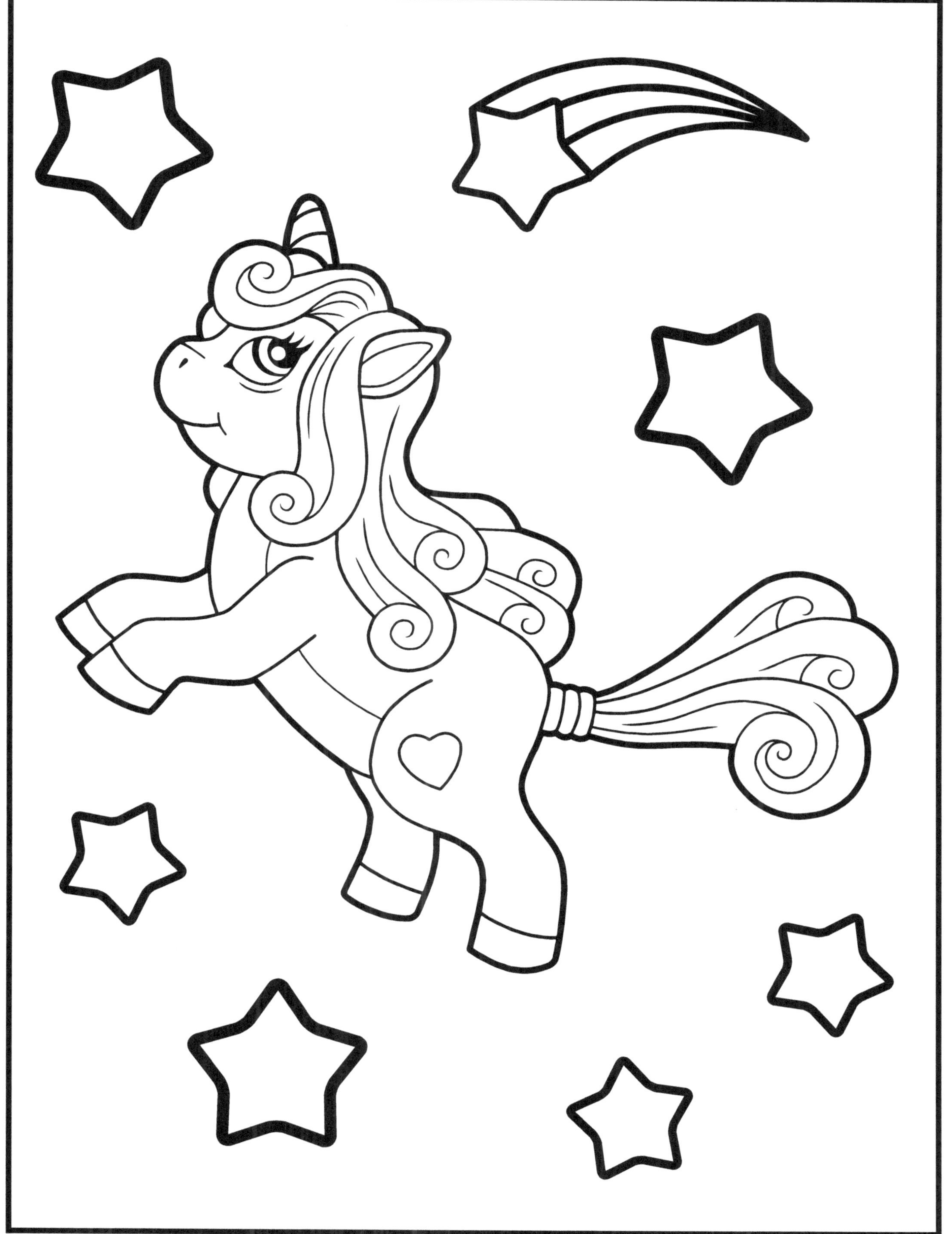

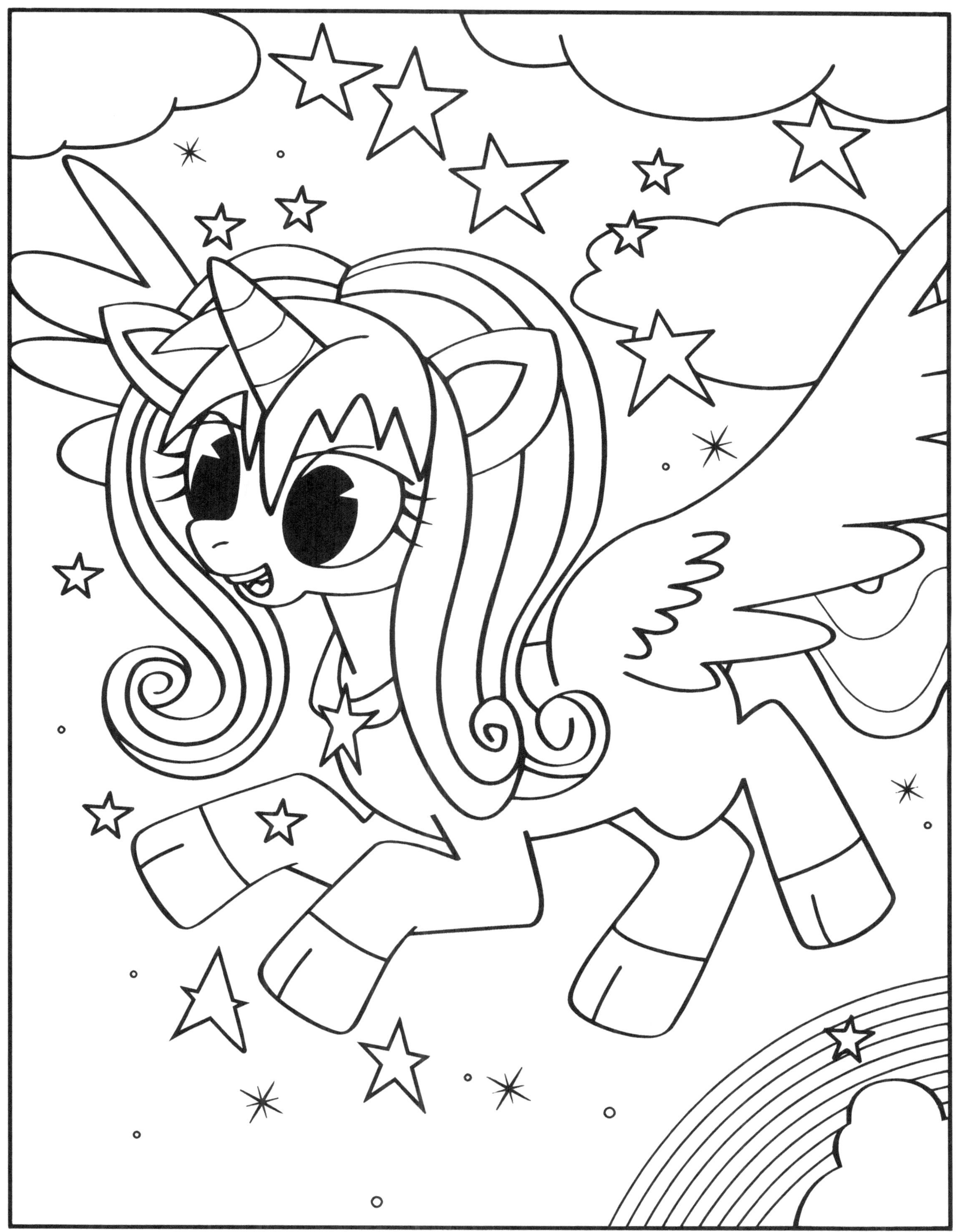

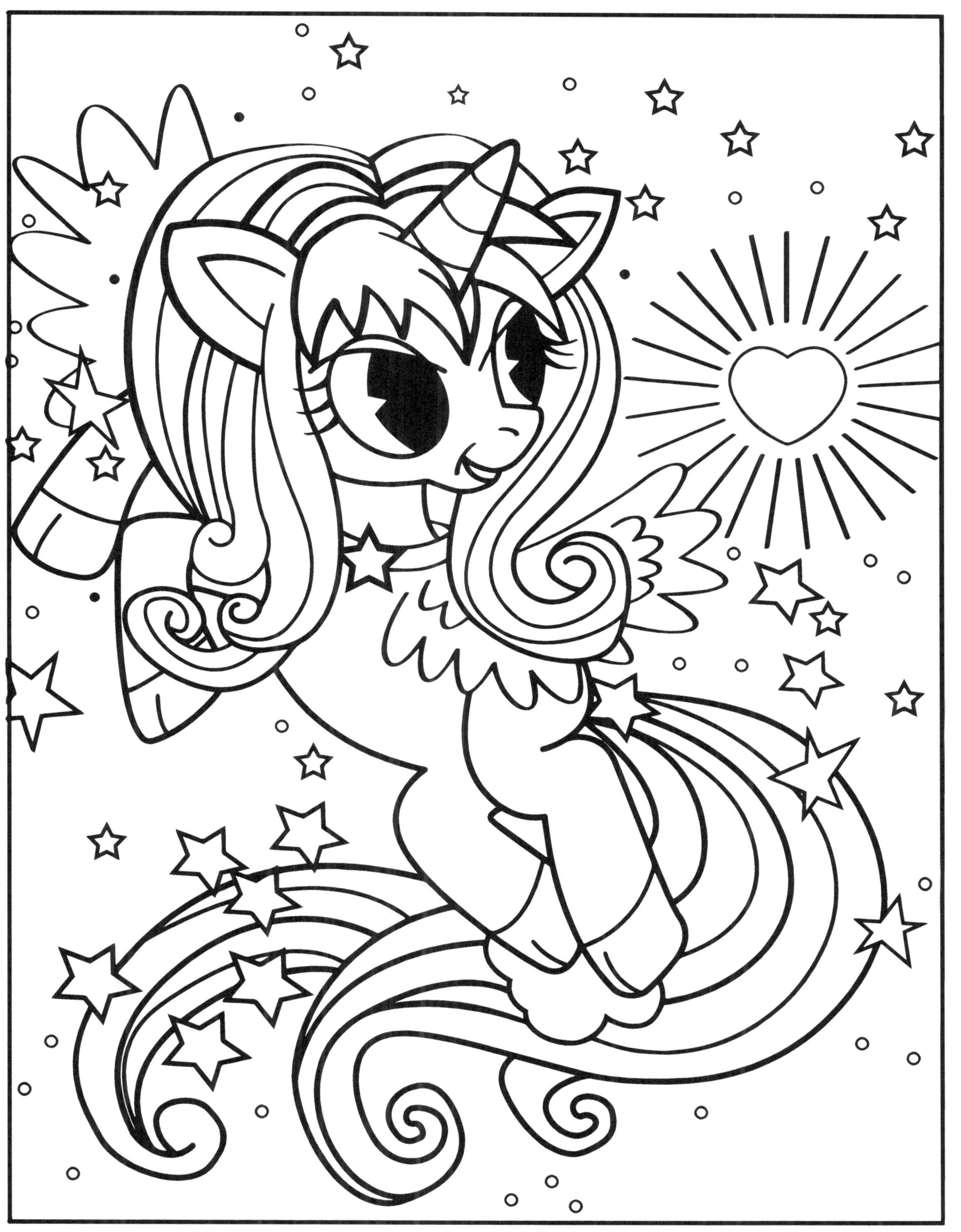

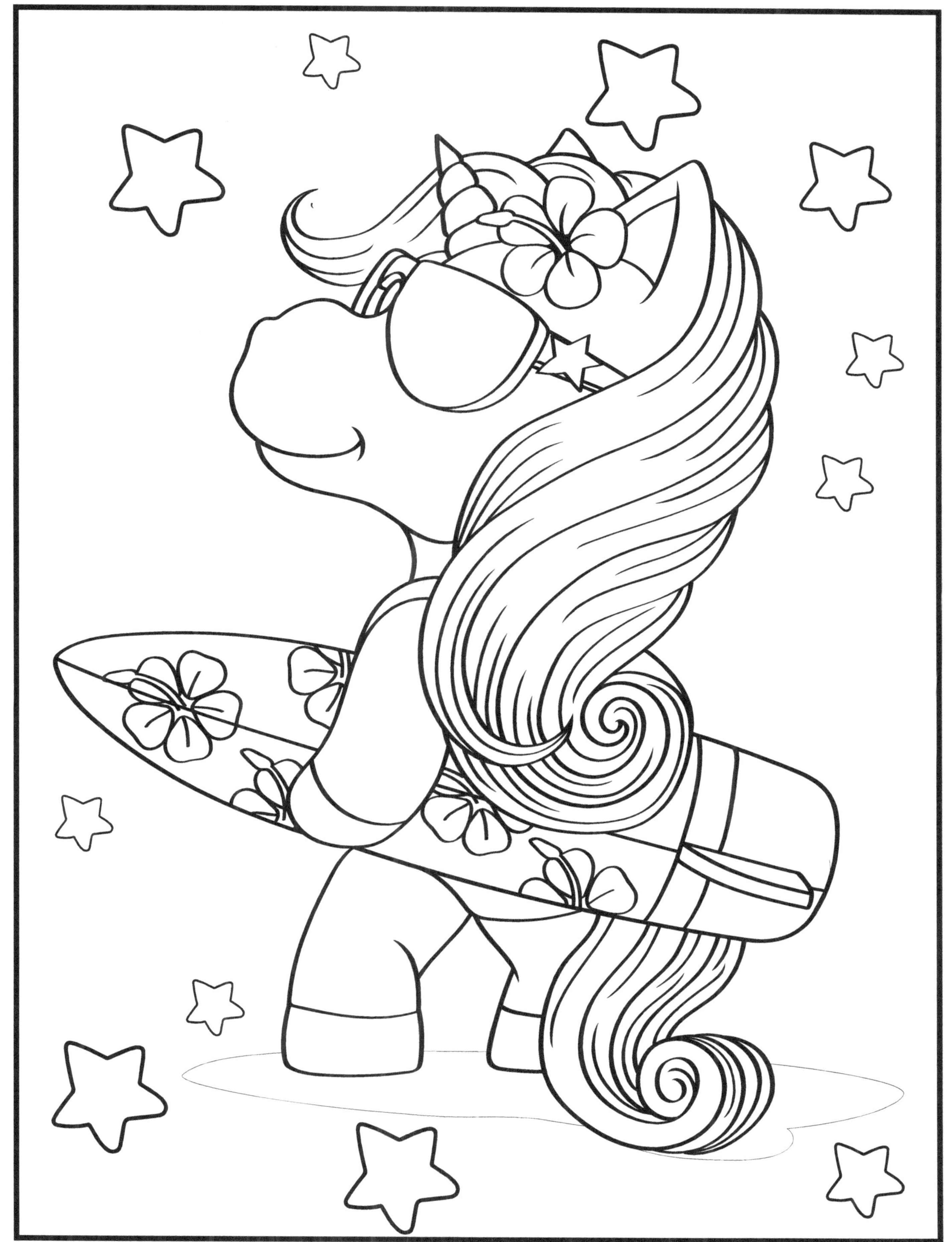

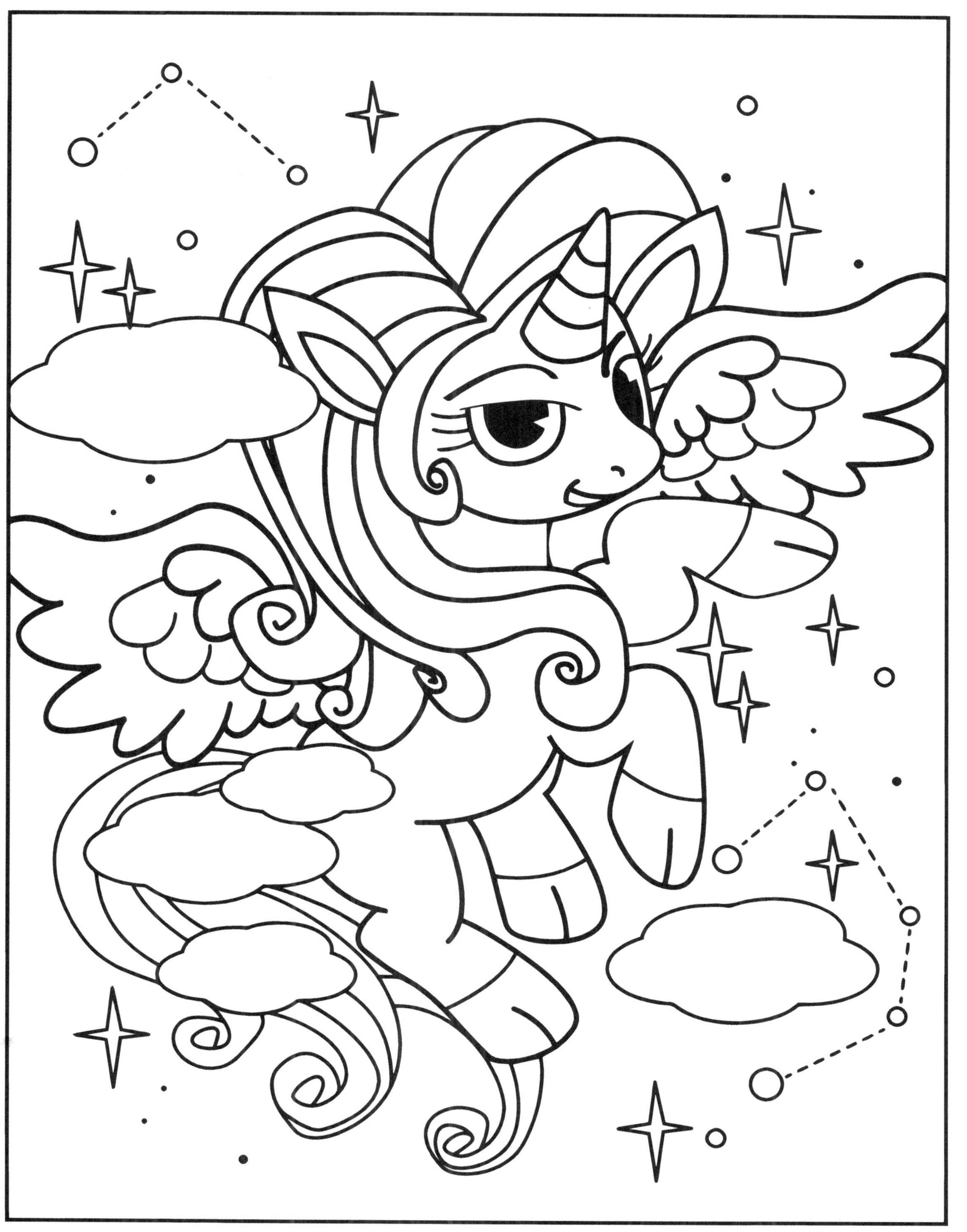

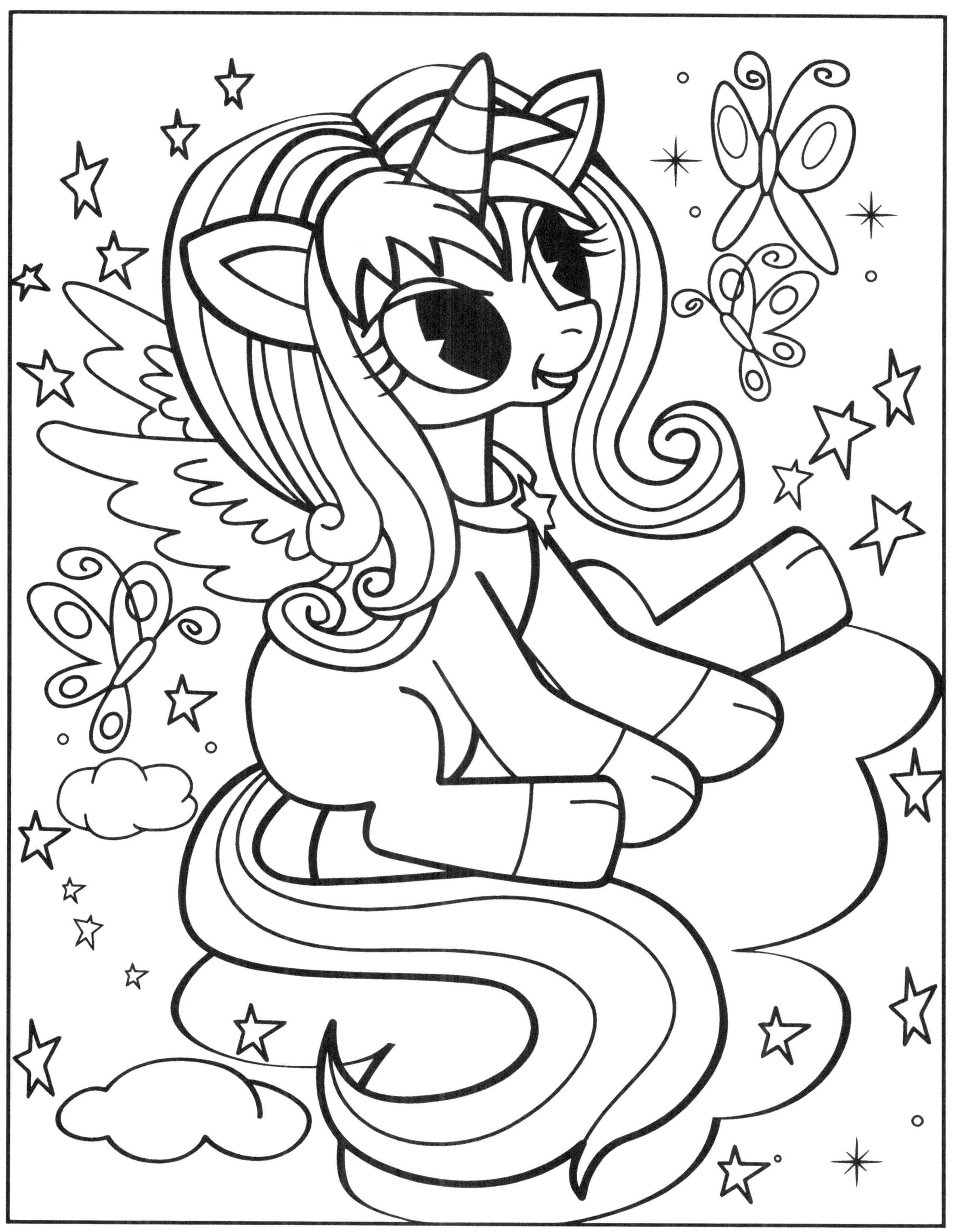

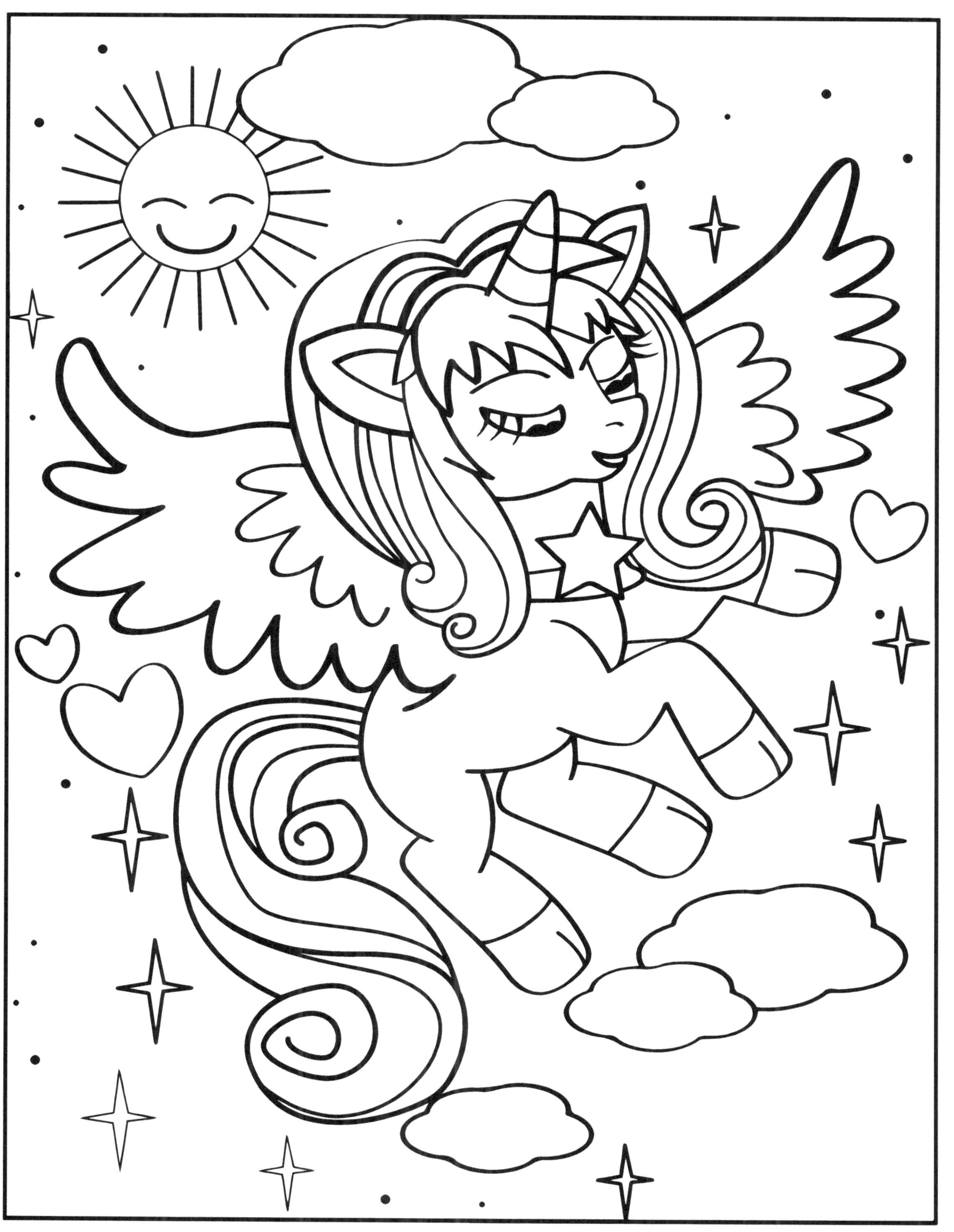

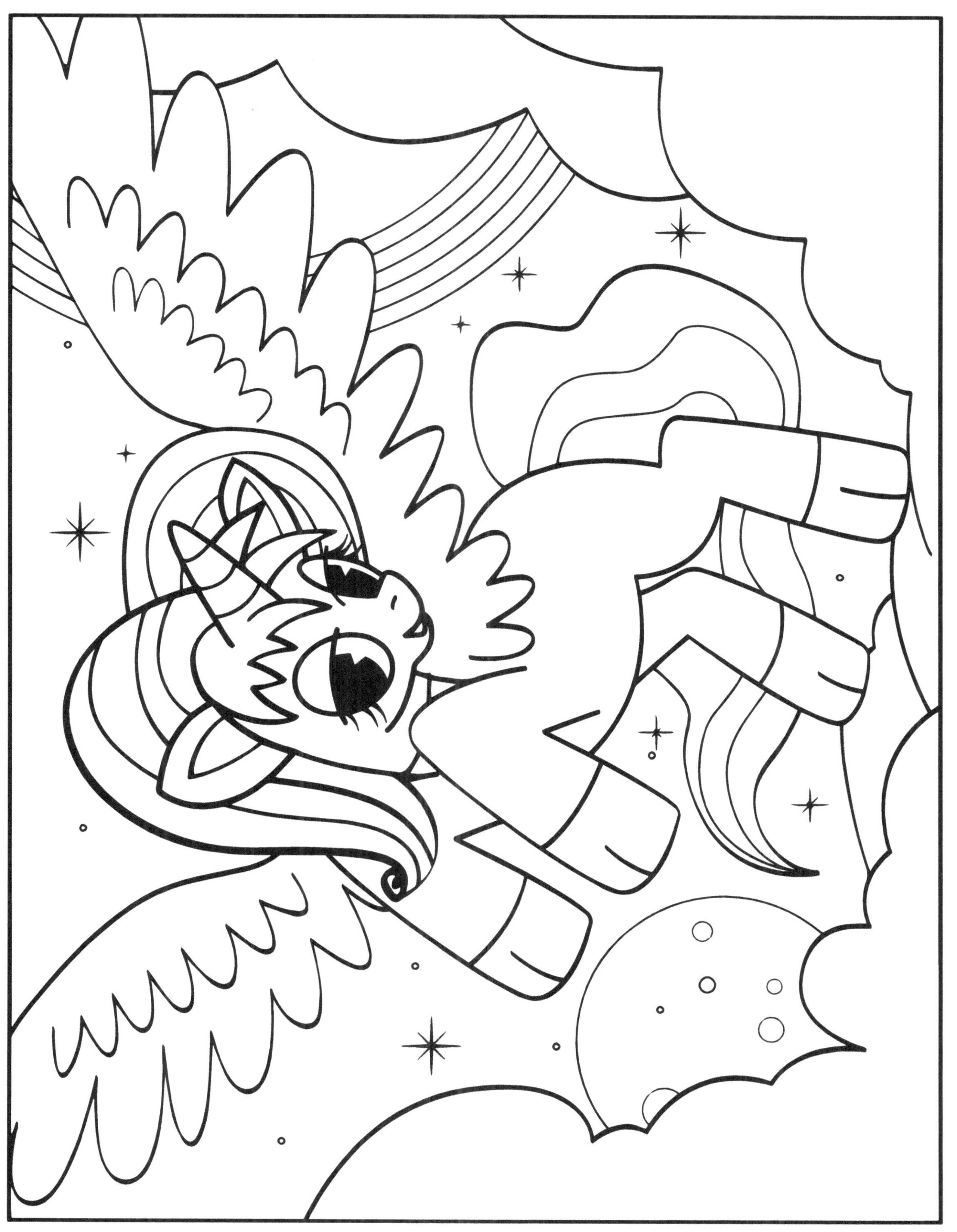

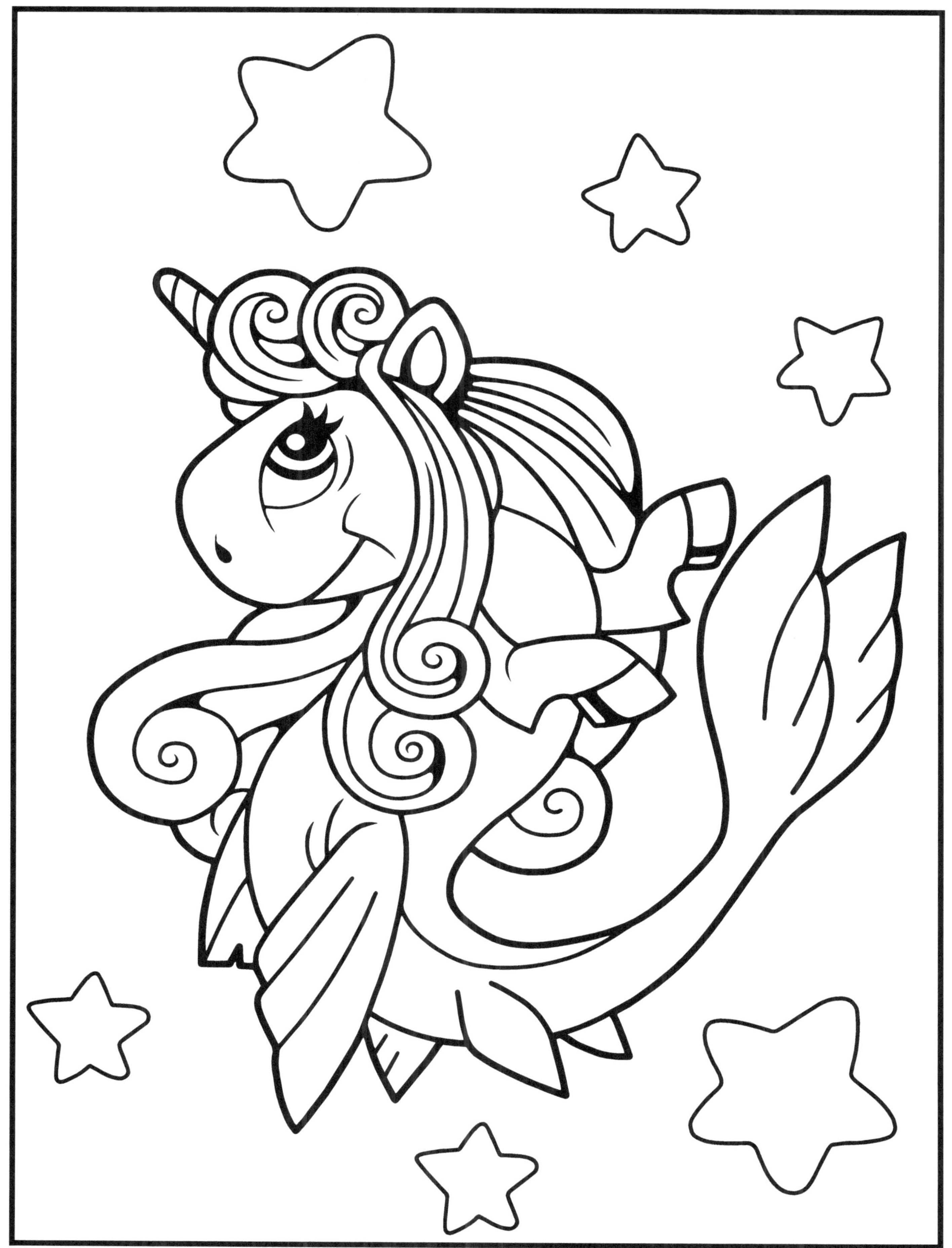

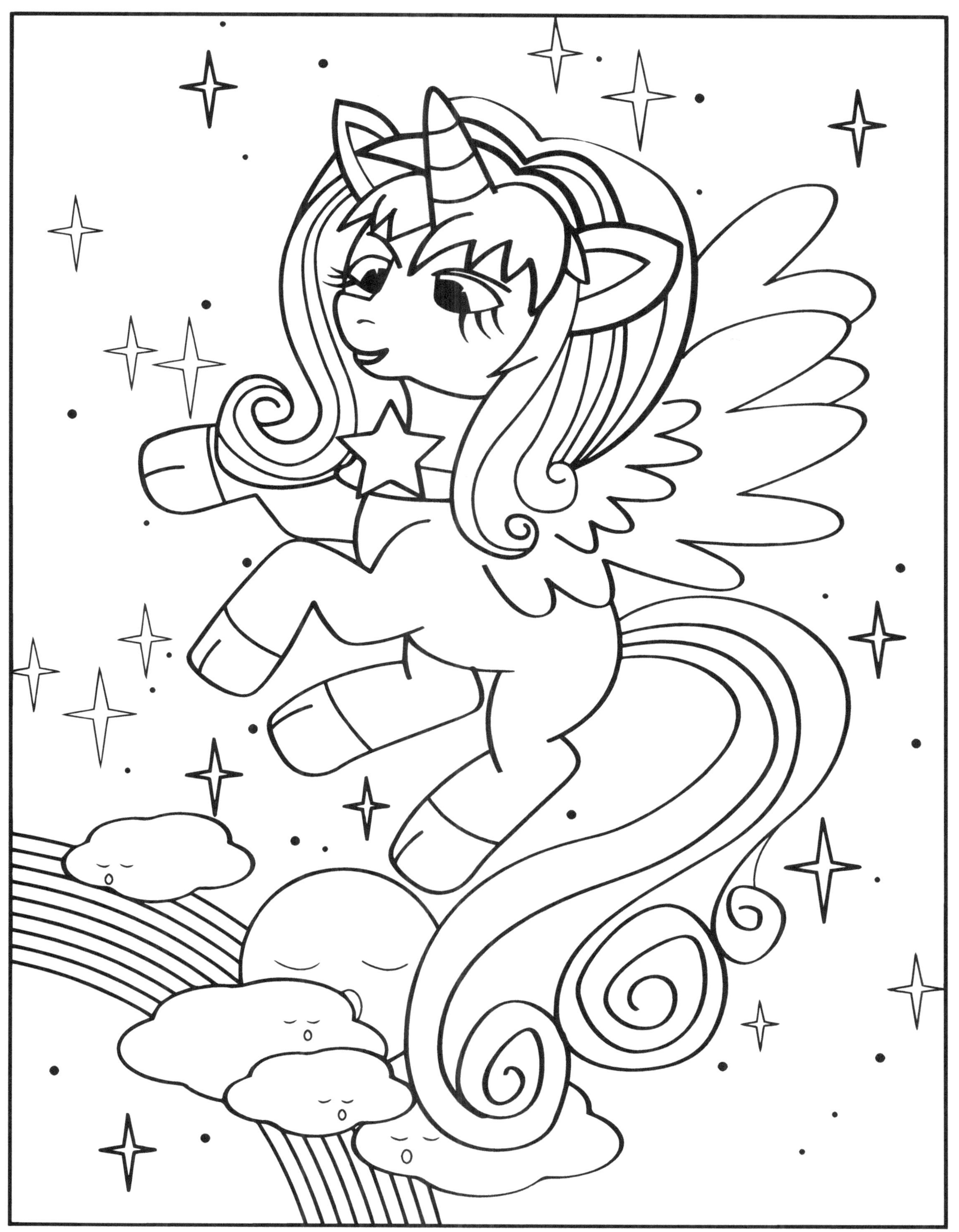

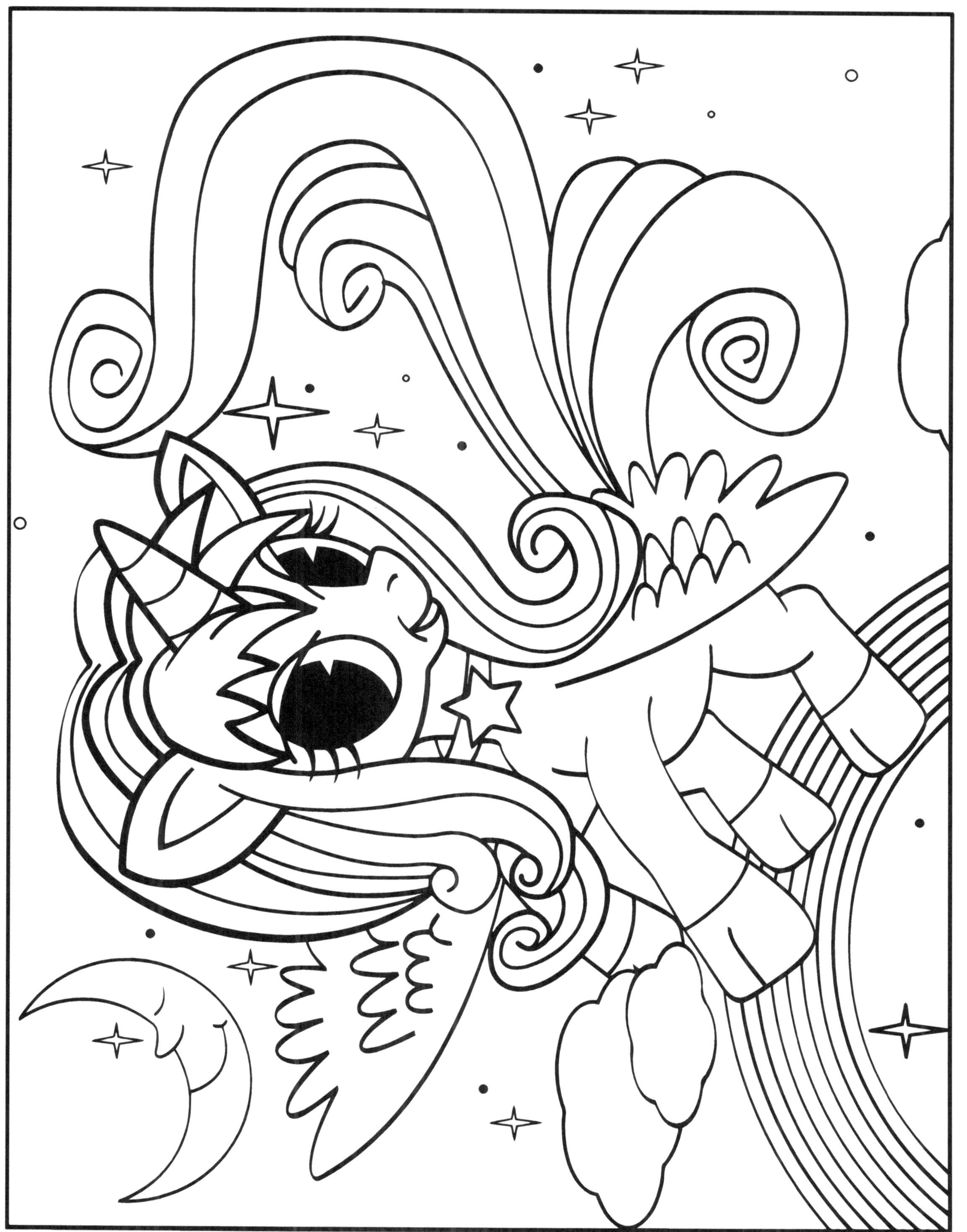

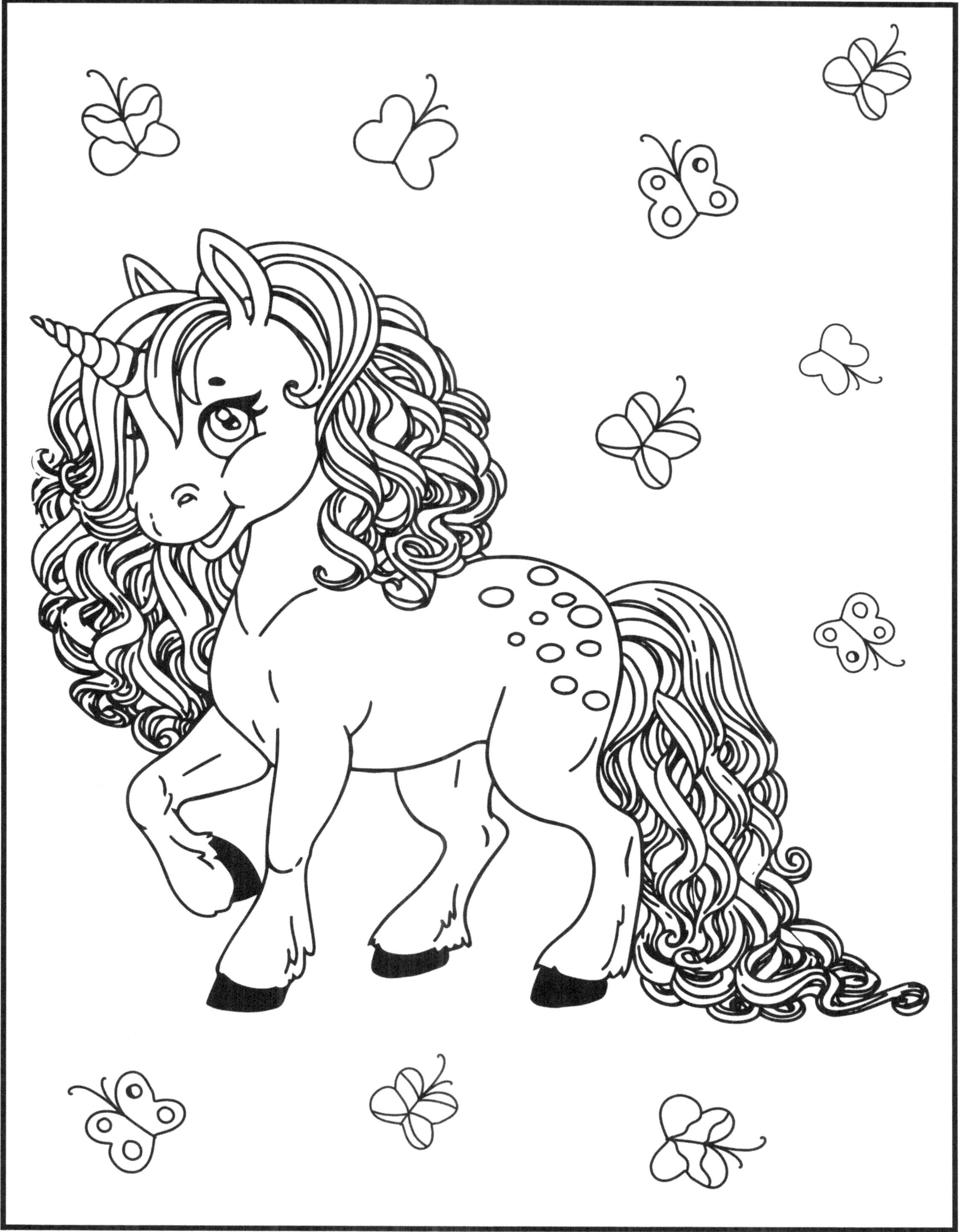

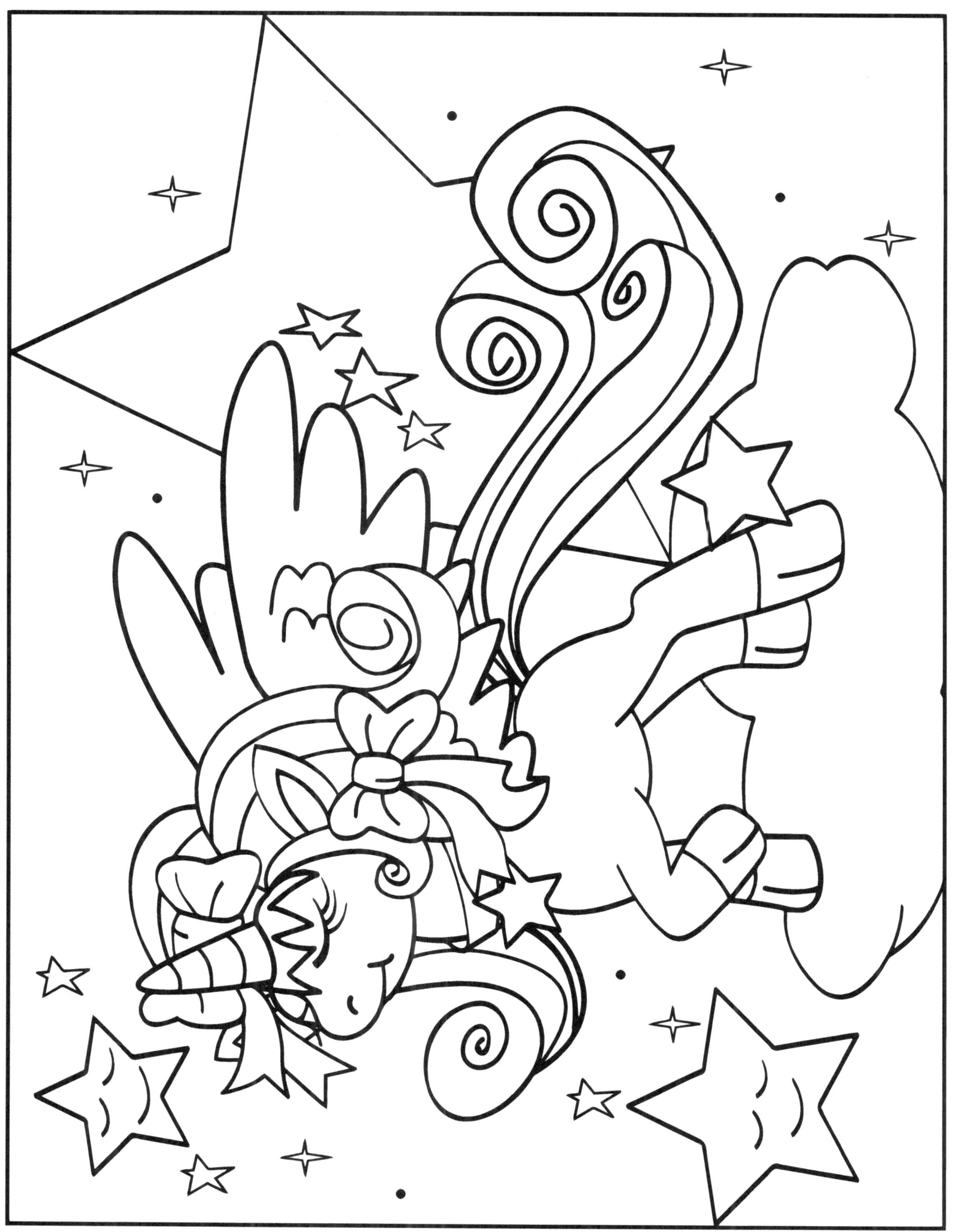

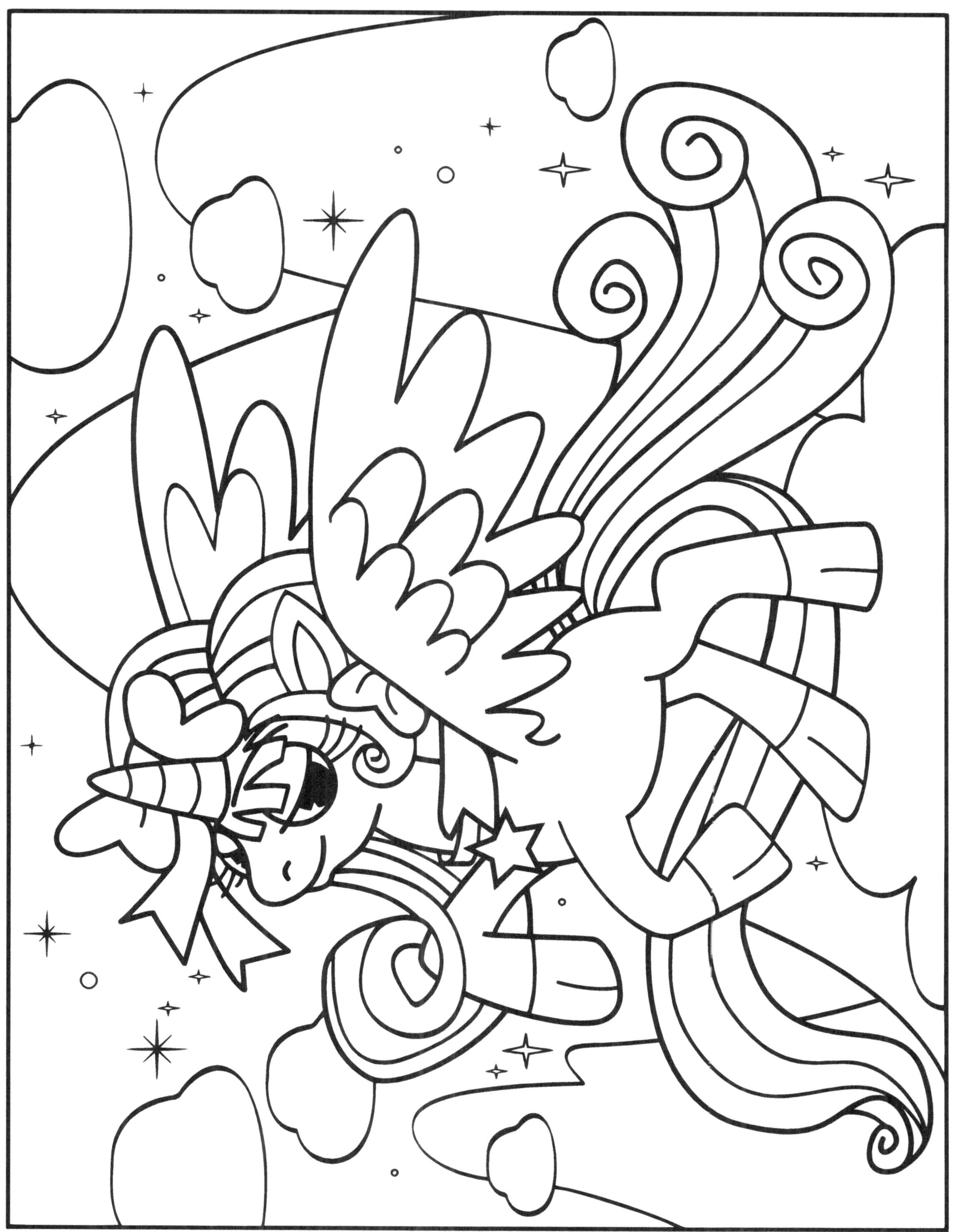

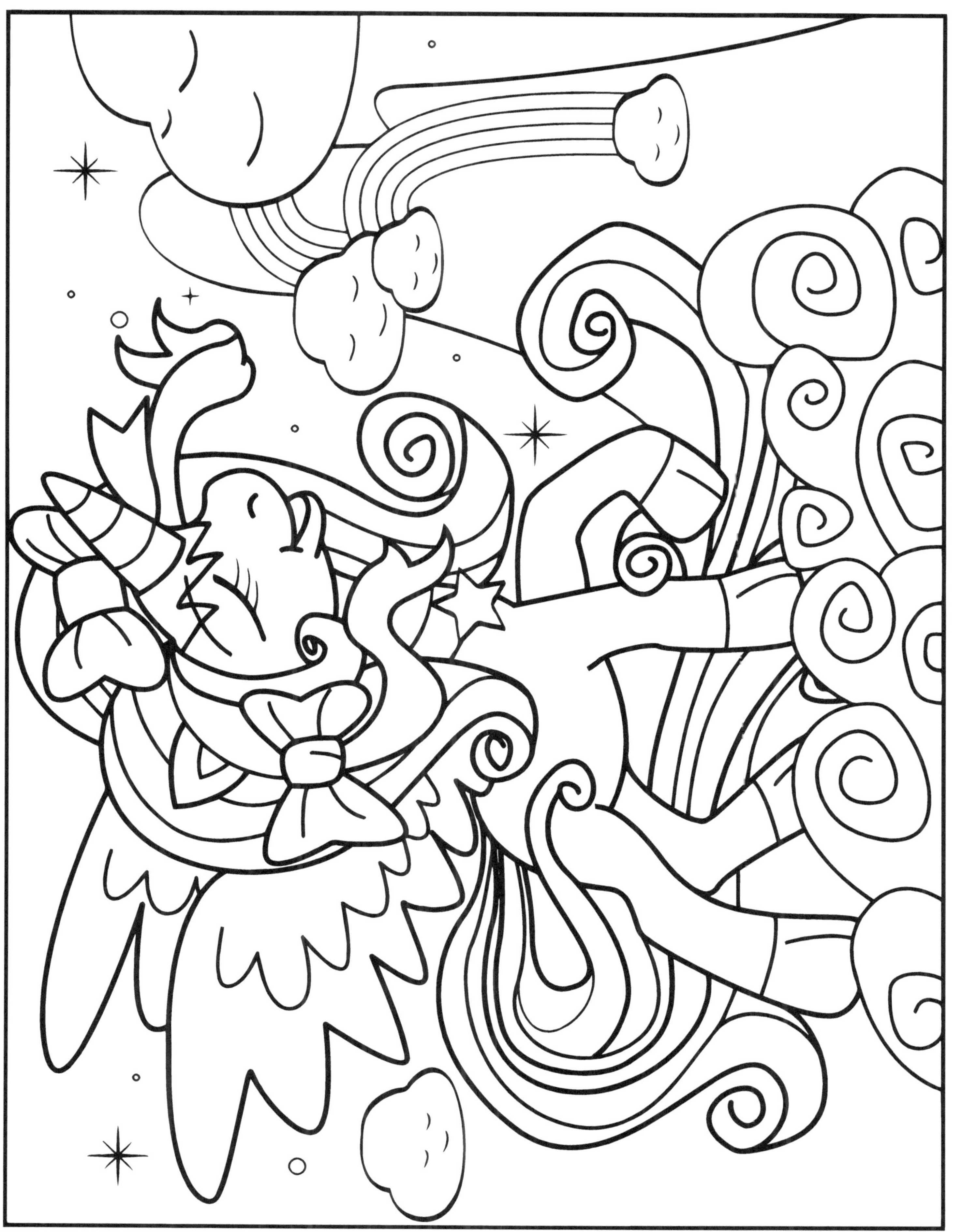

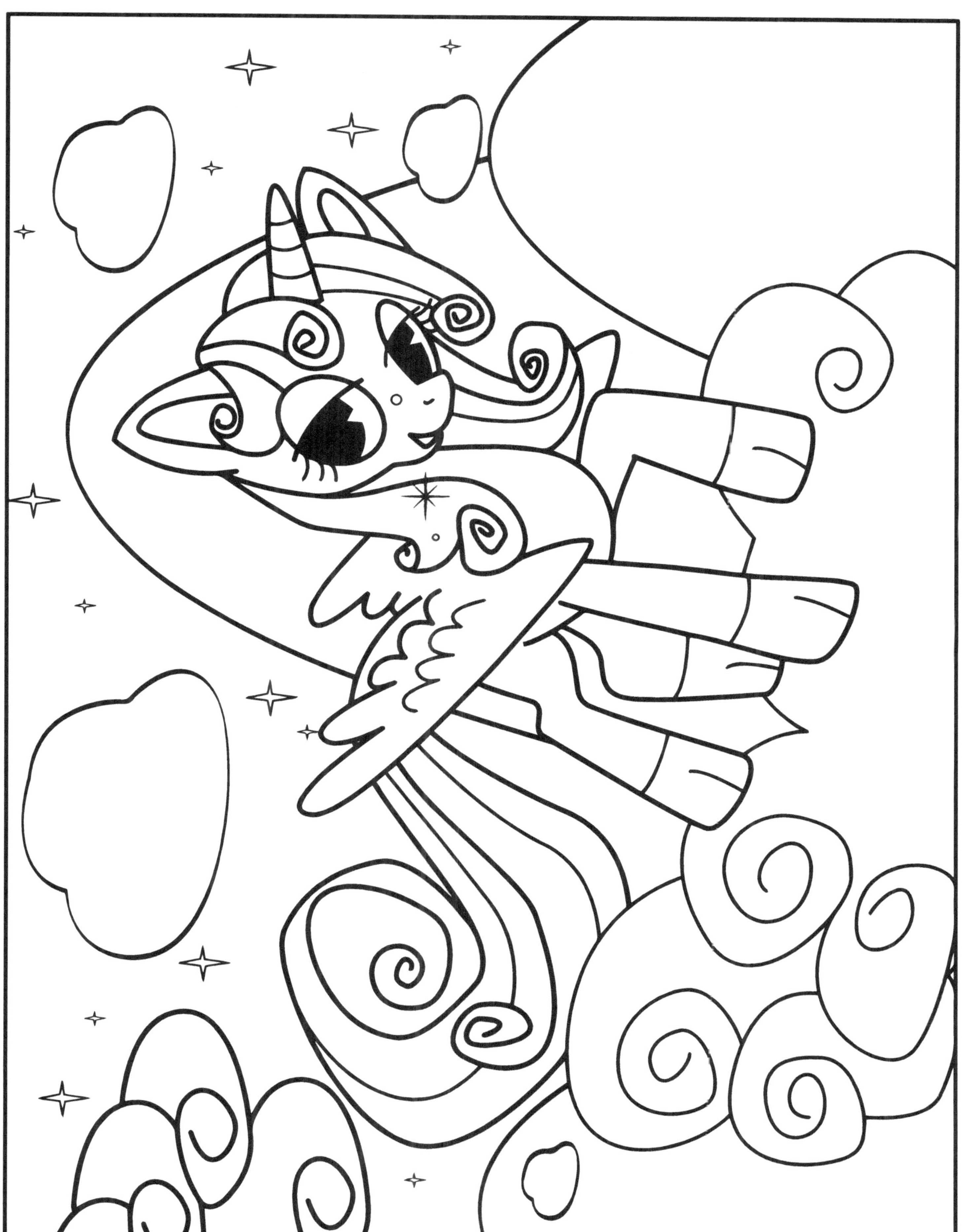

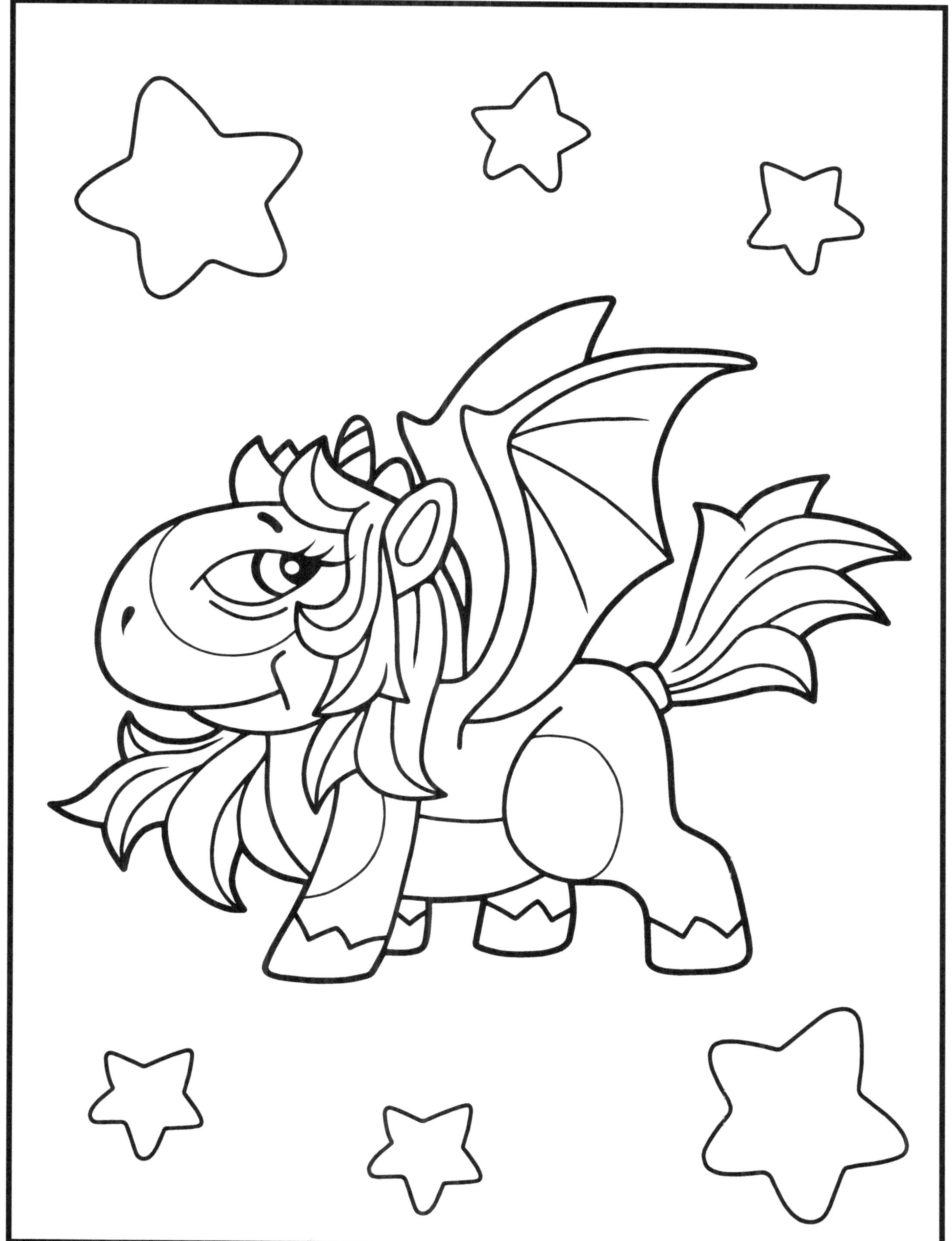

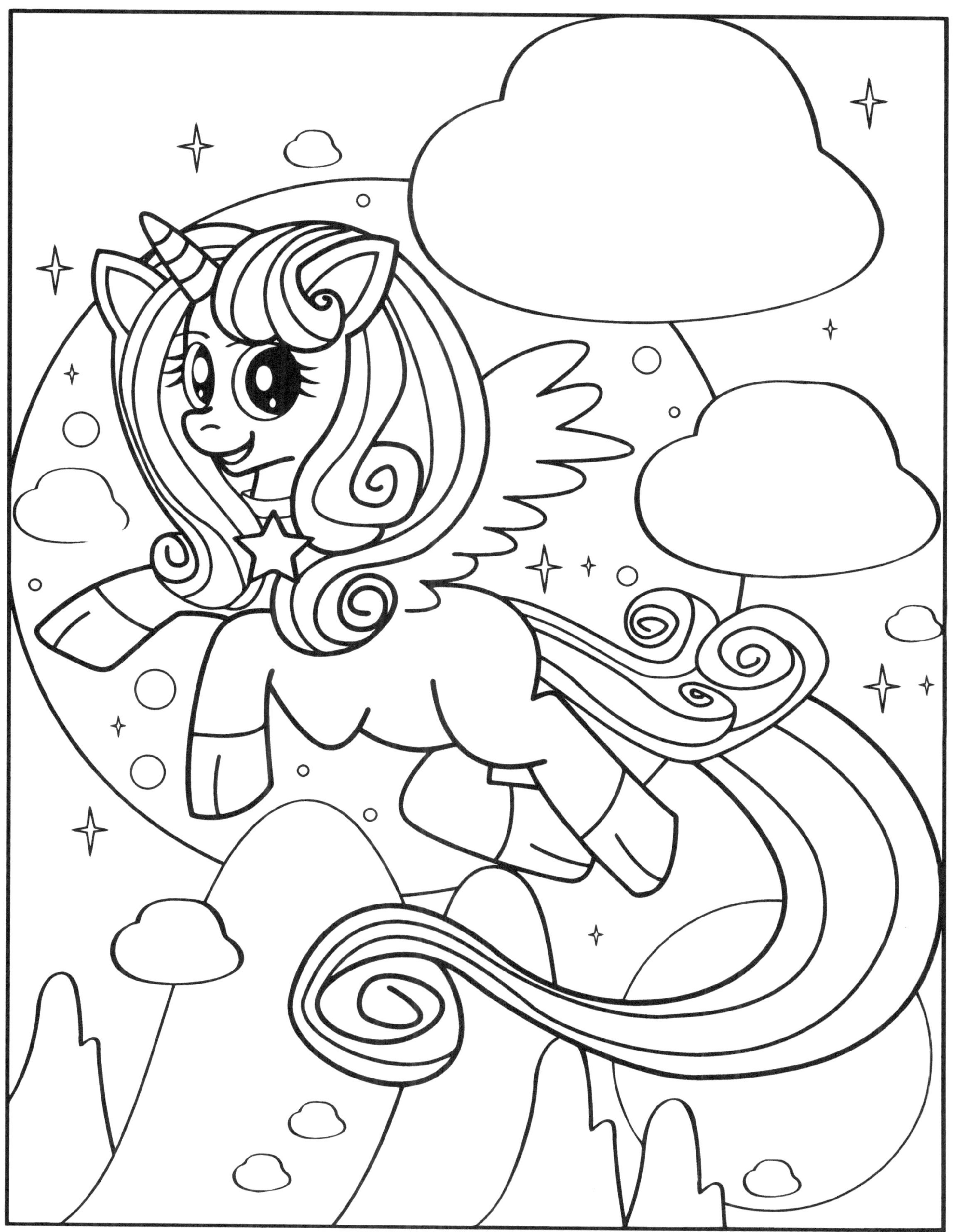

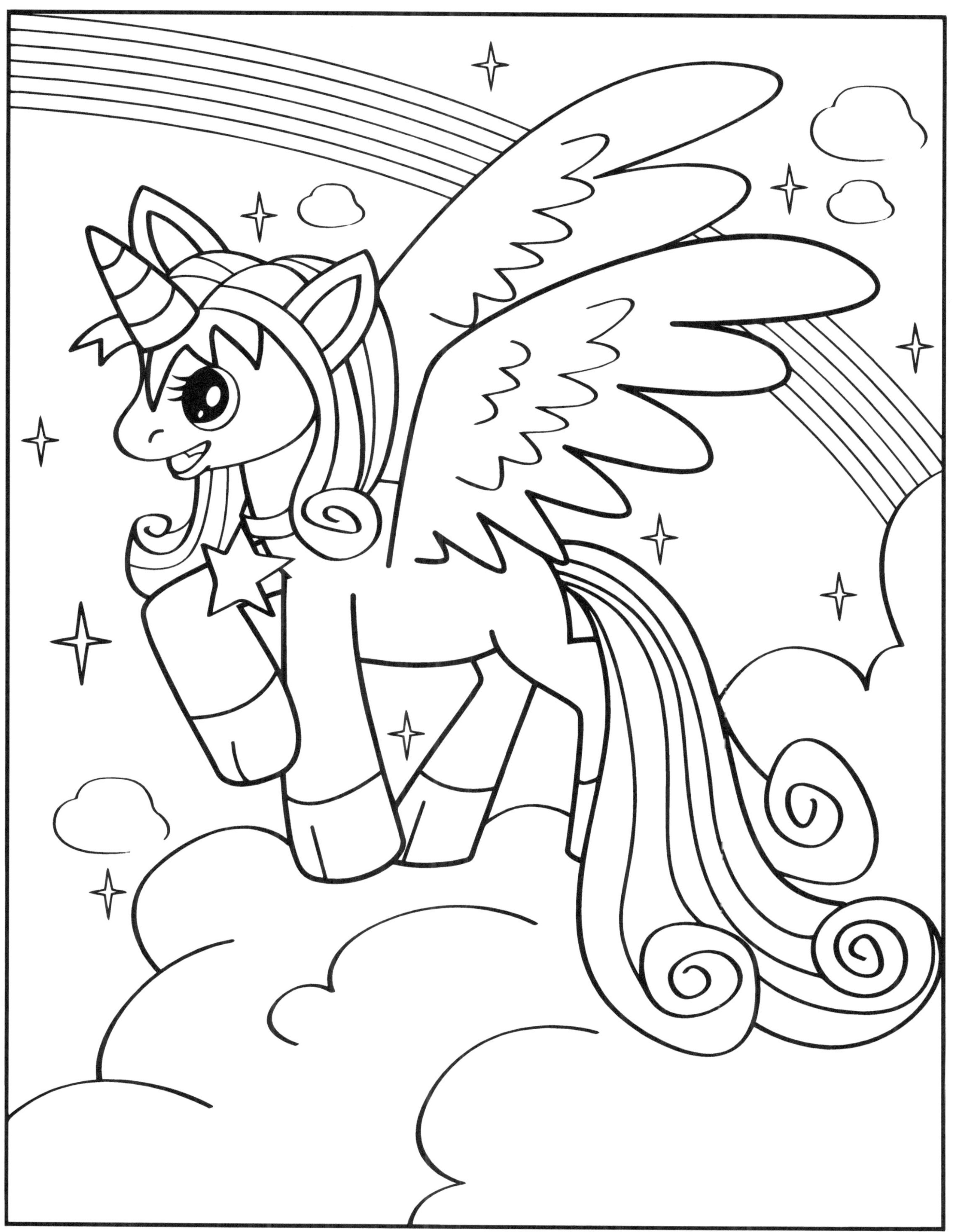

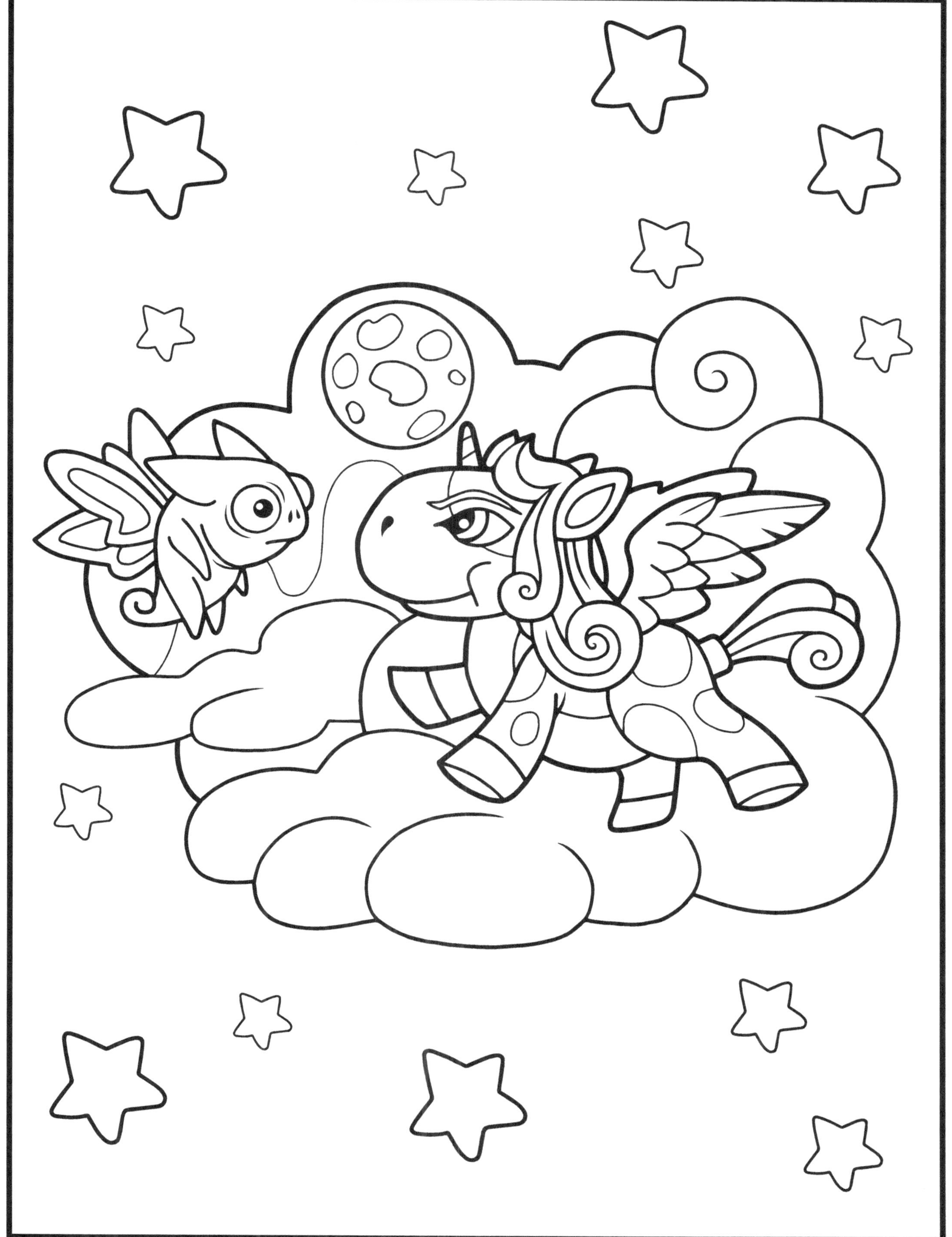

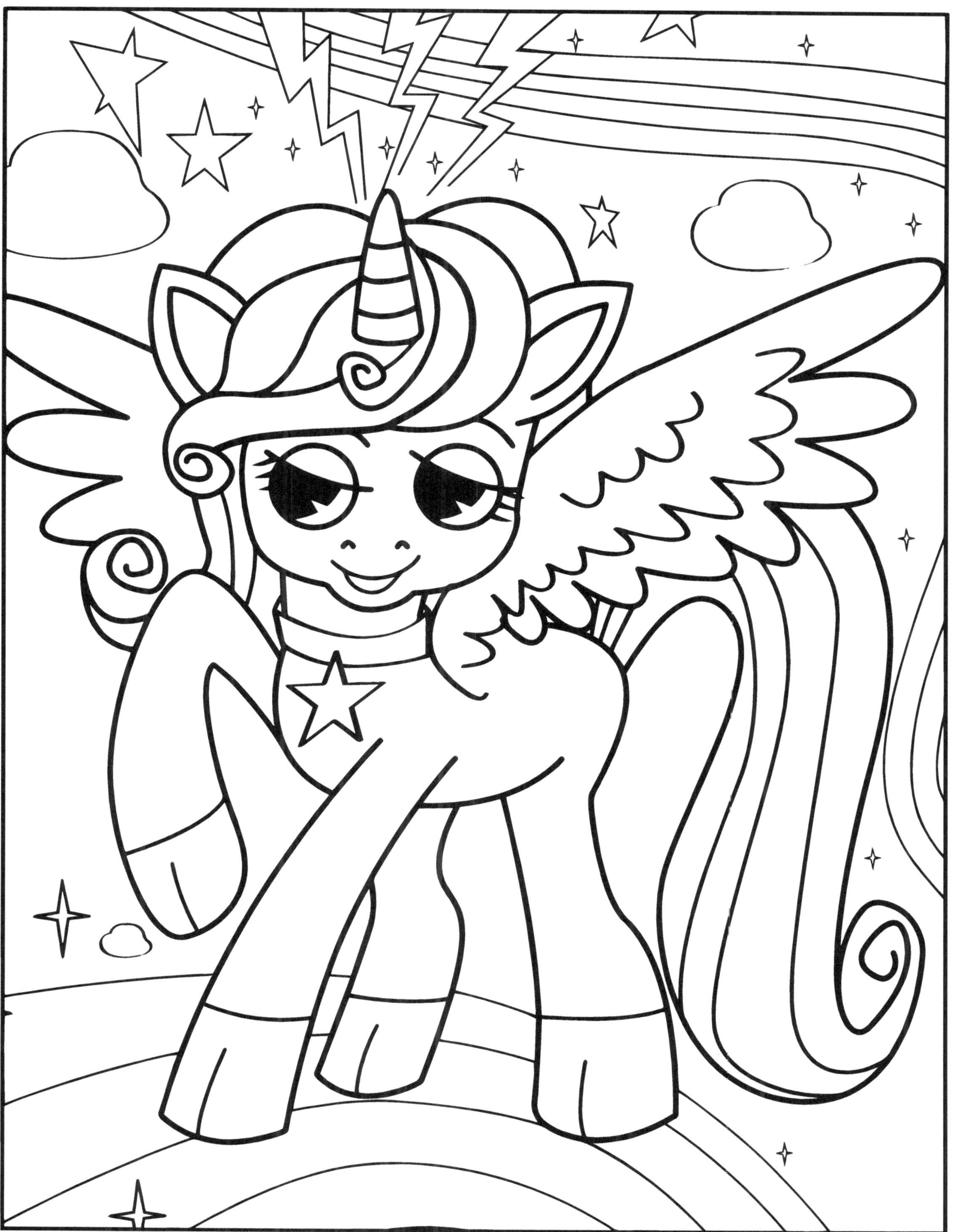

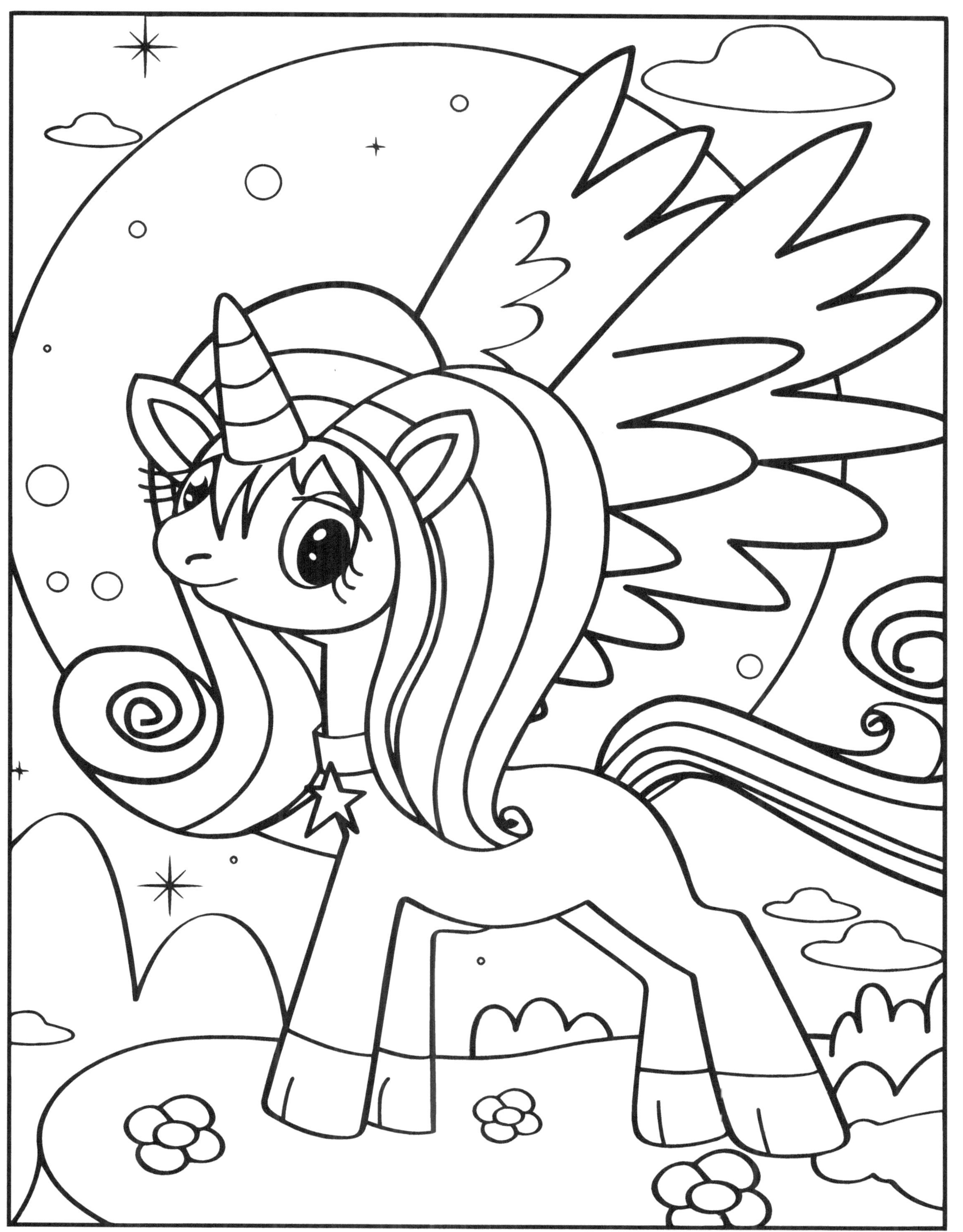

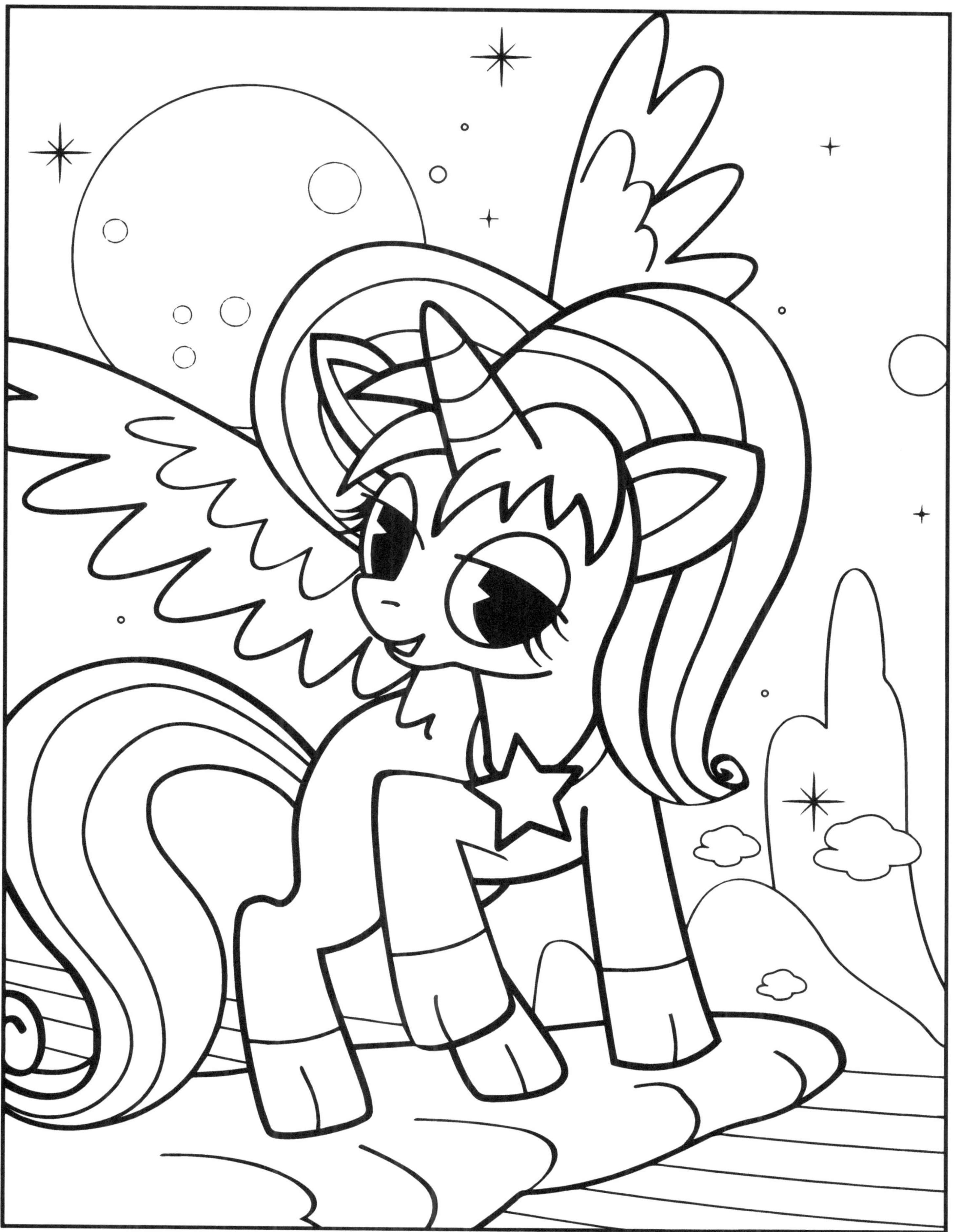

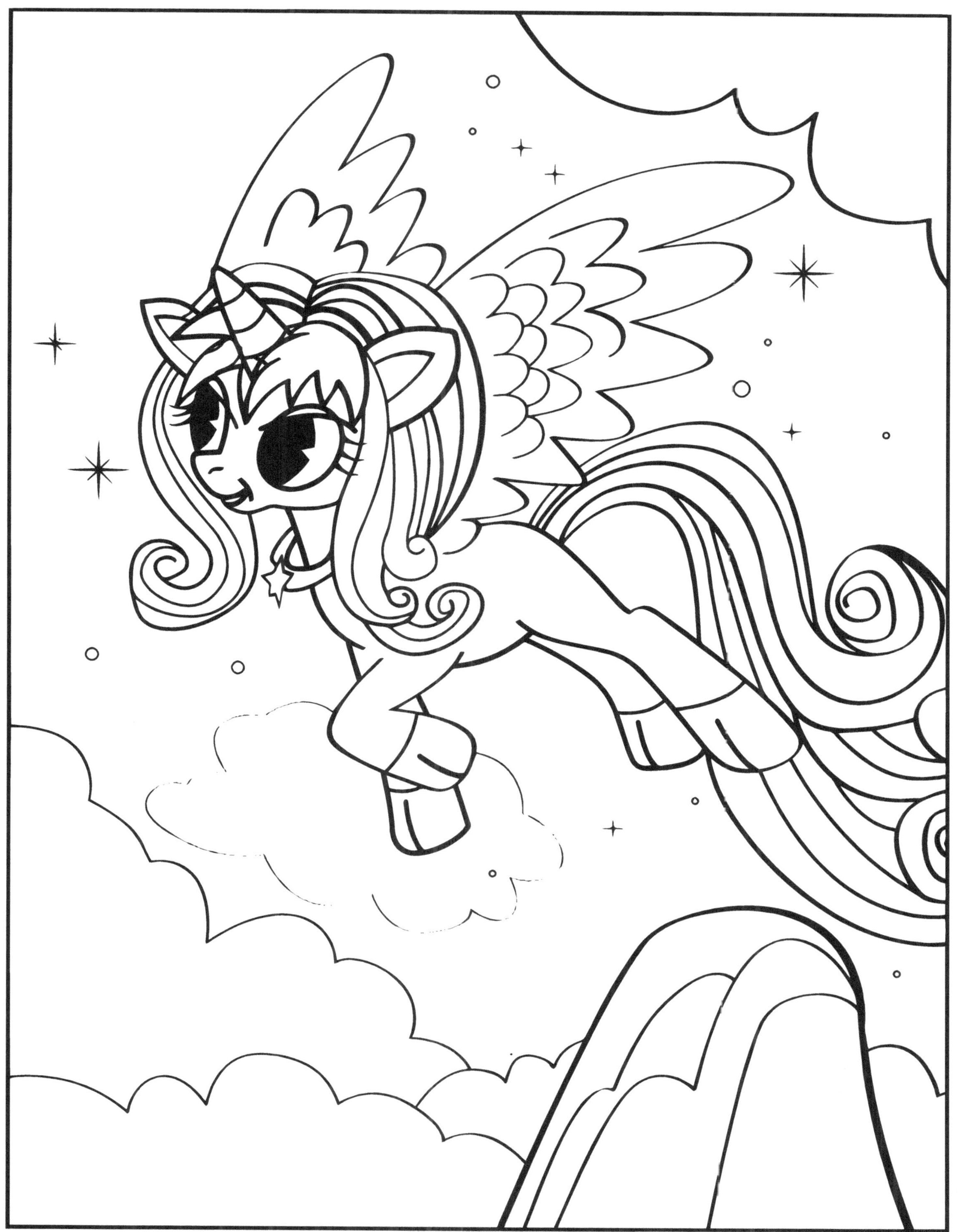

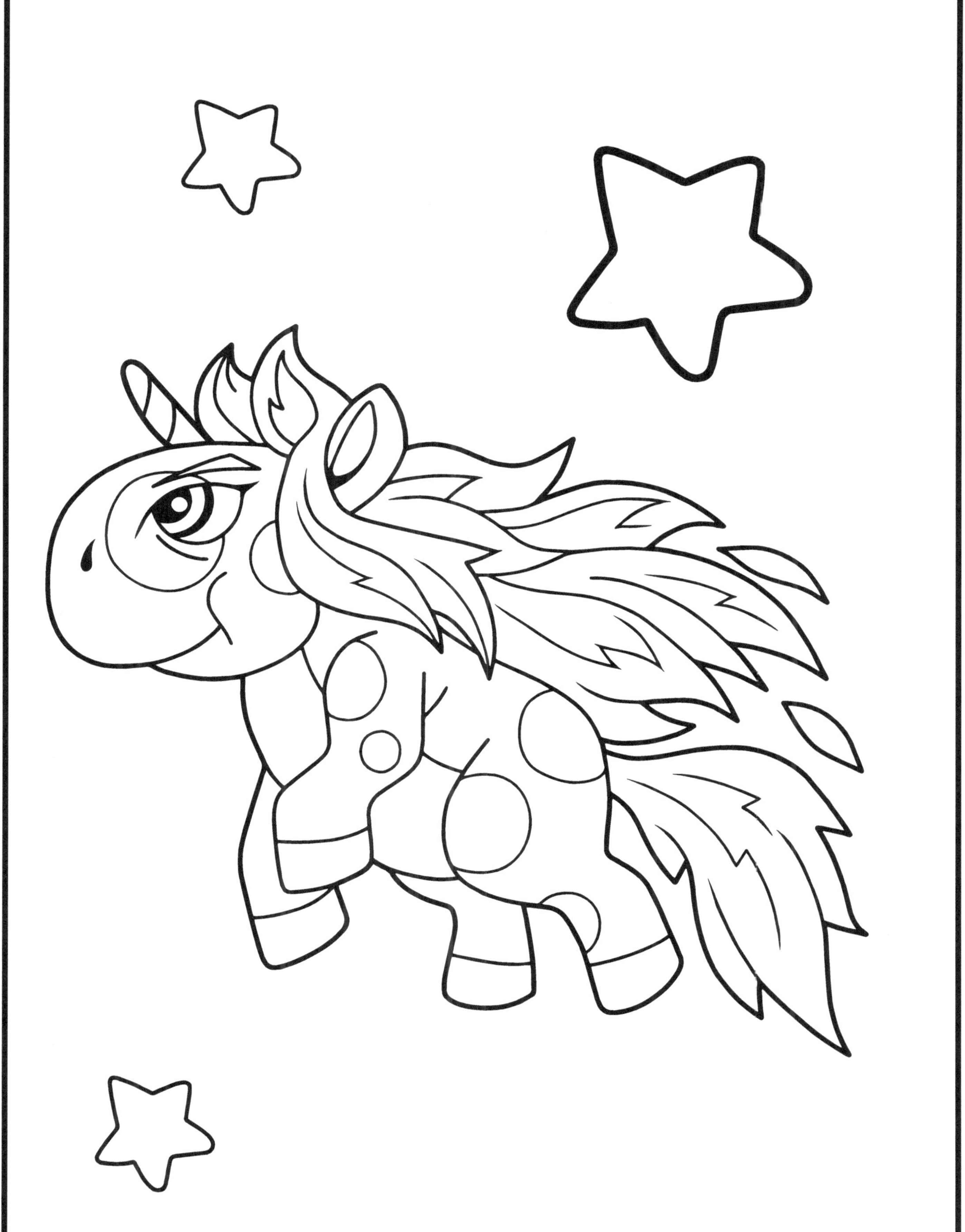

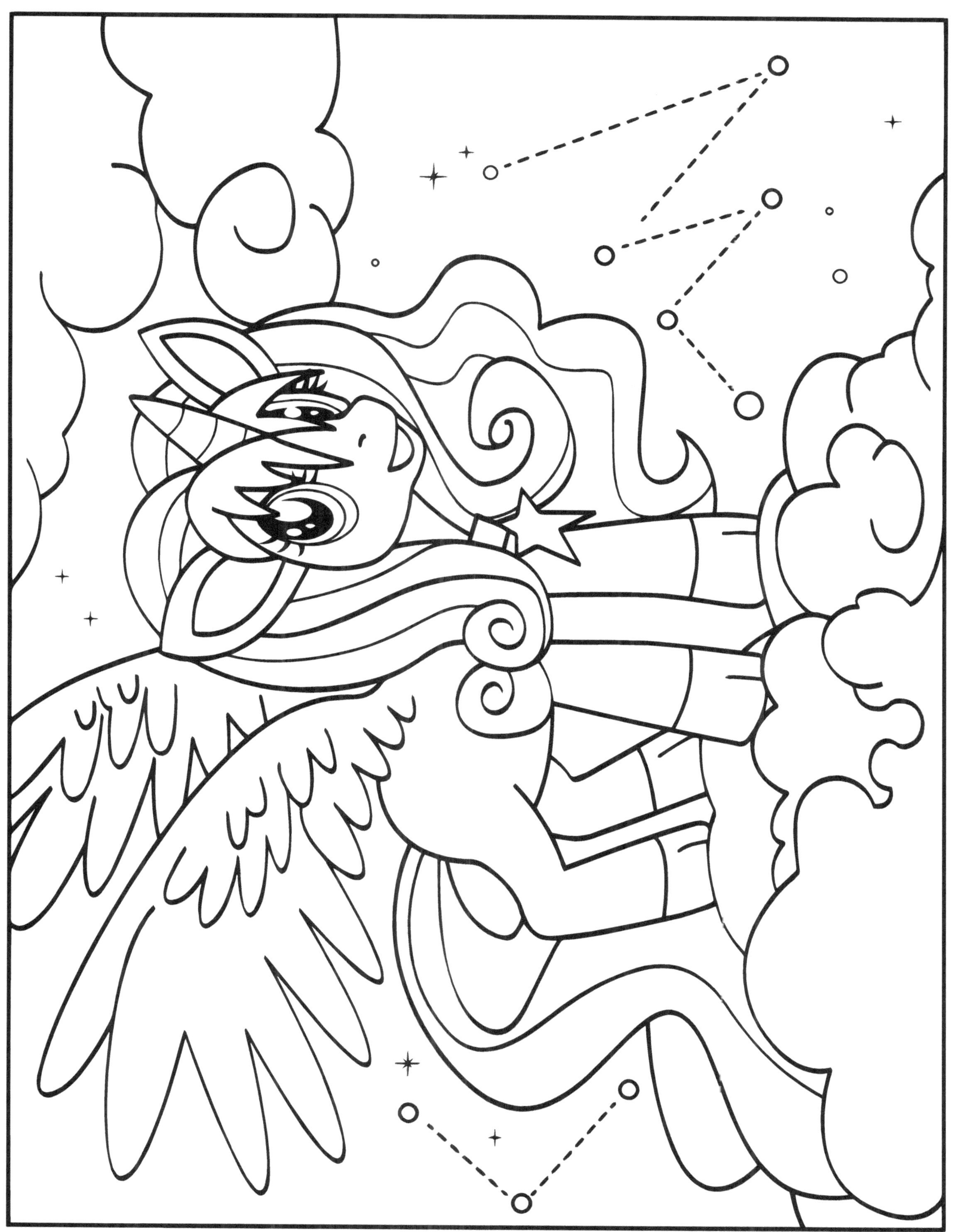

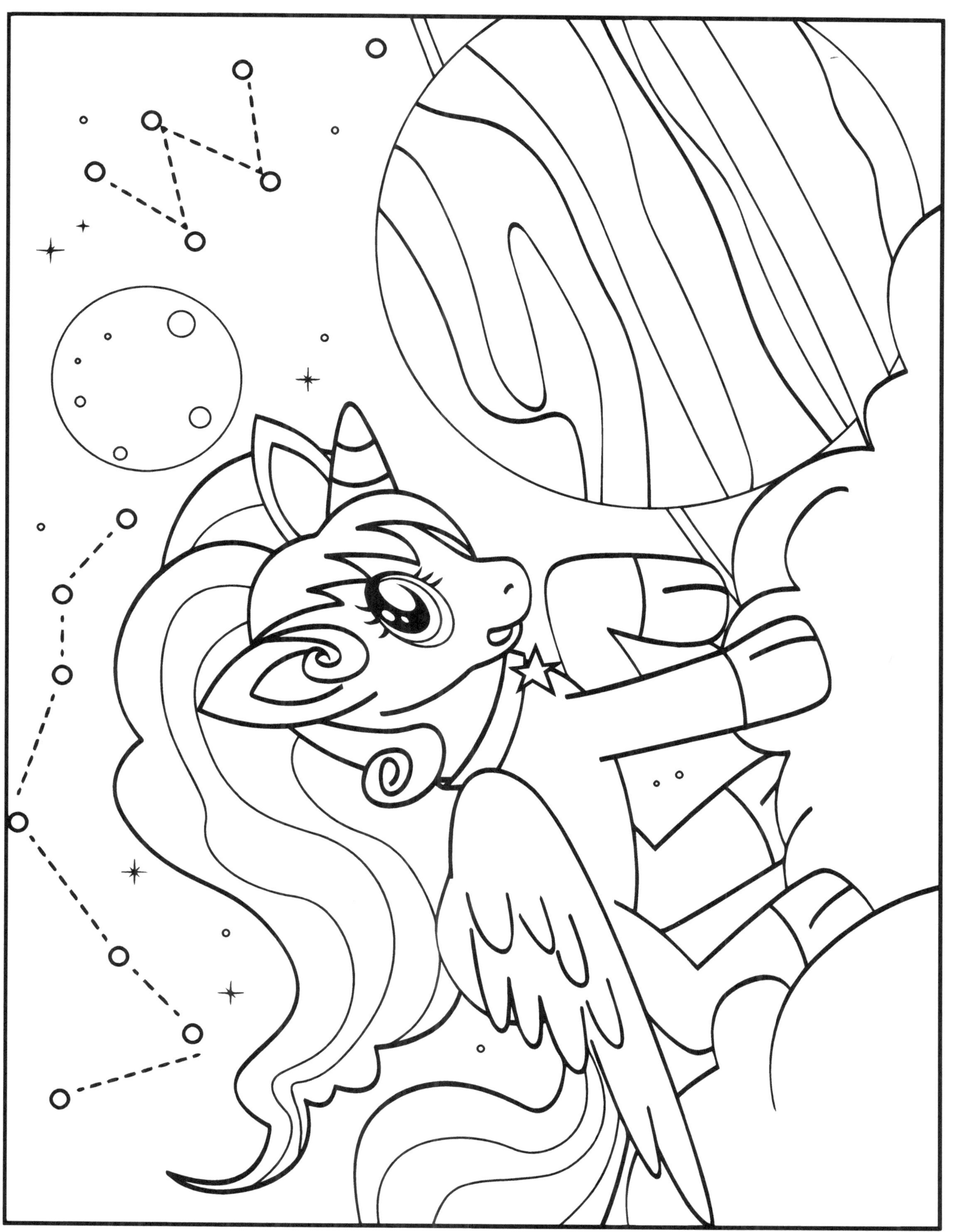

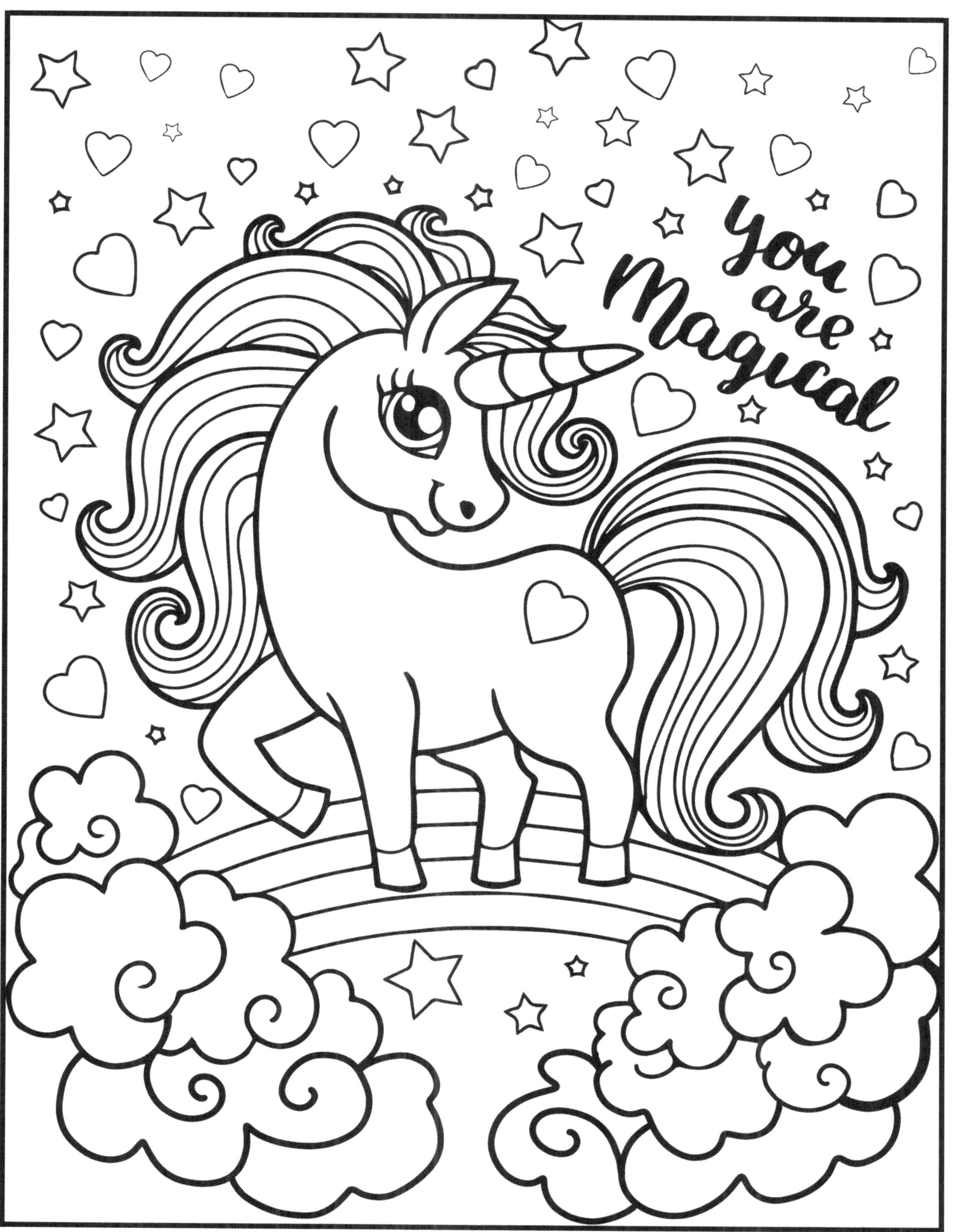

You are Magical

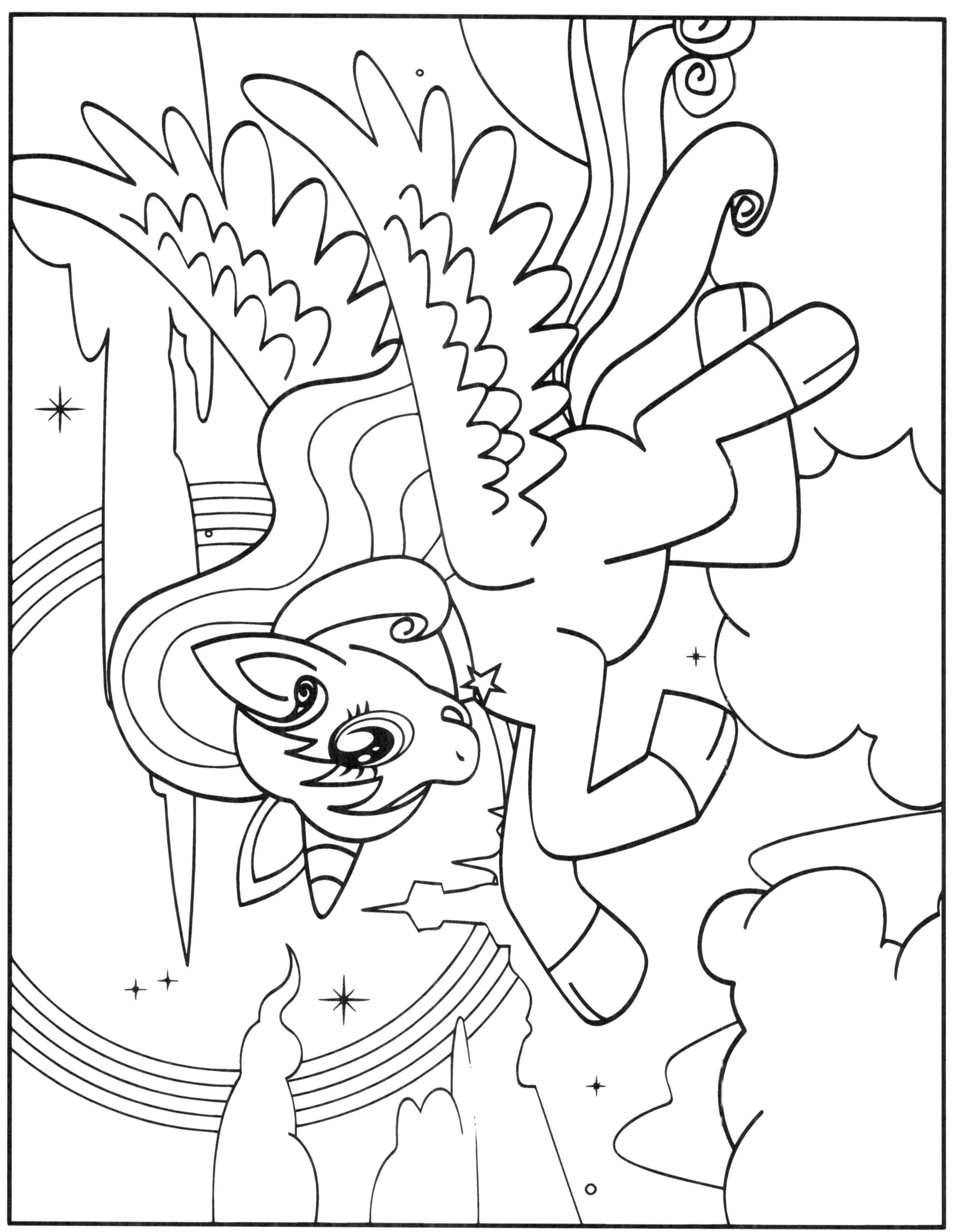

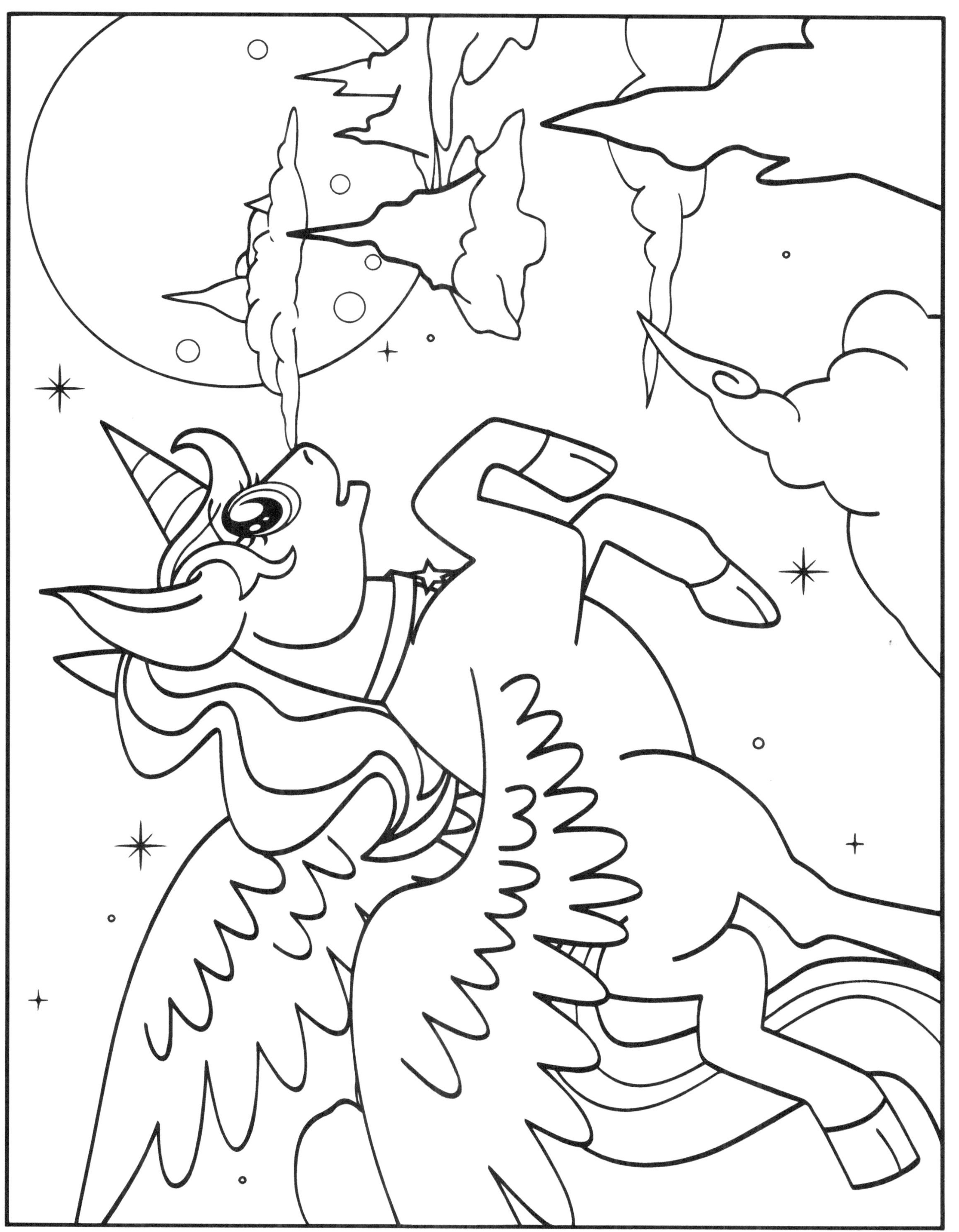

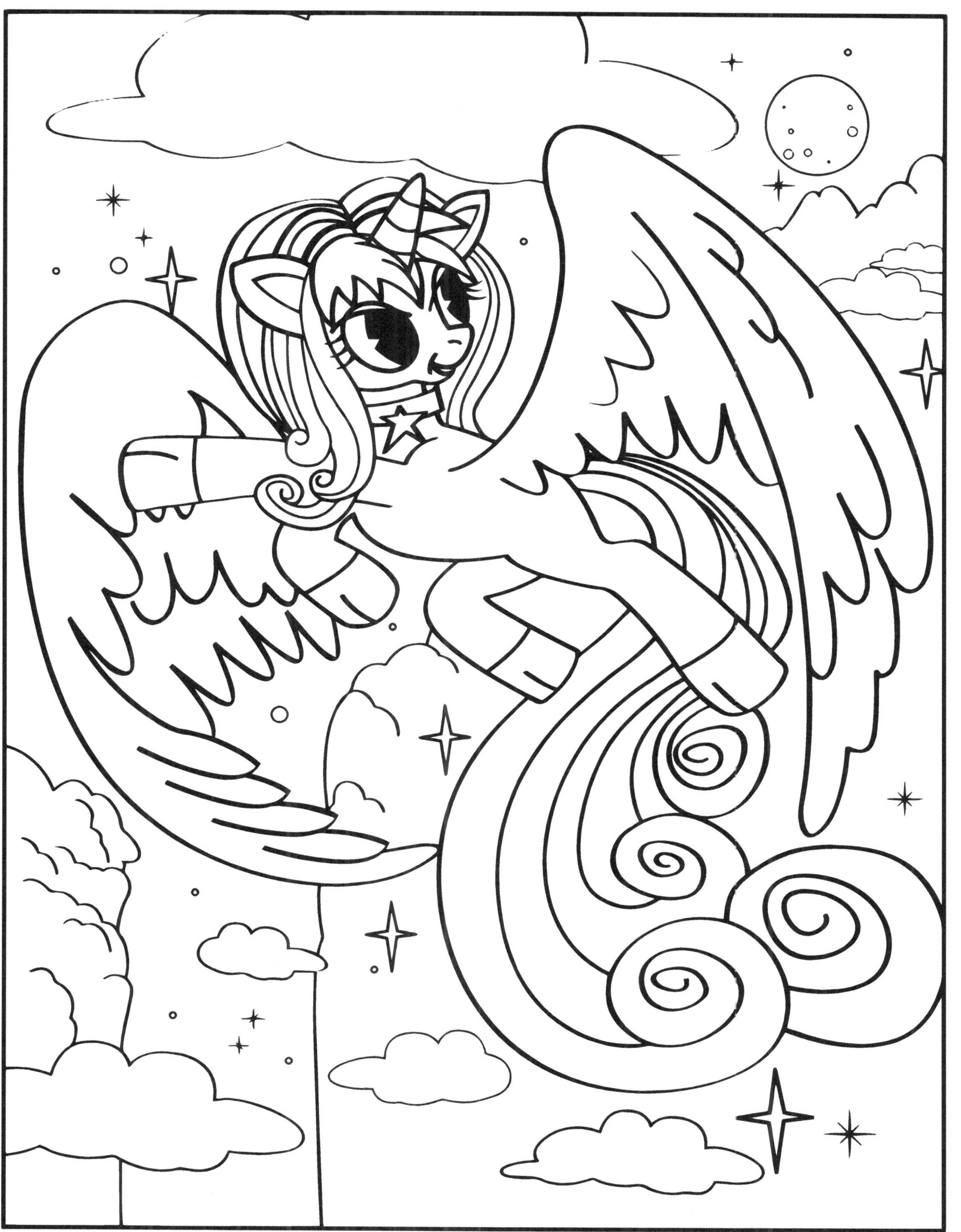

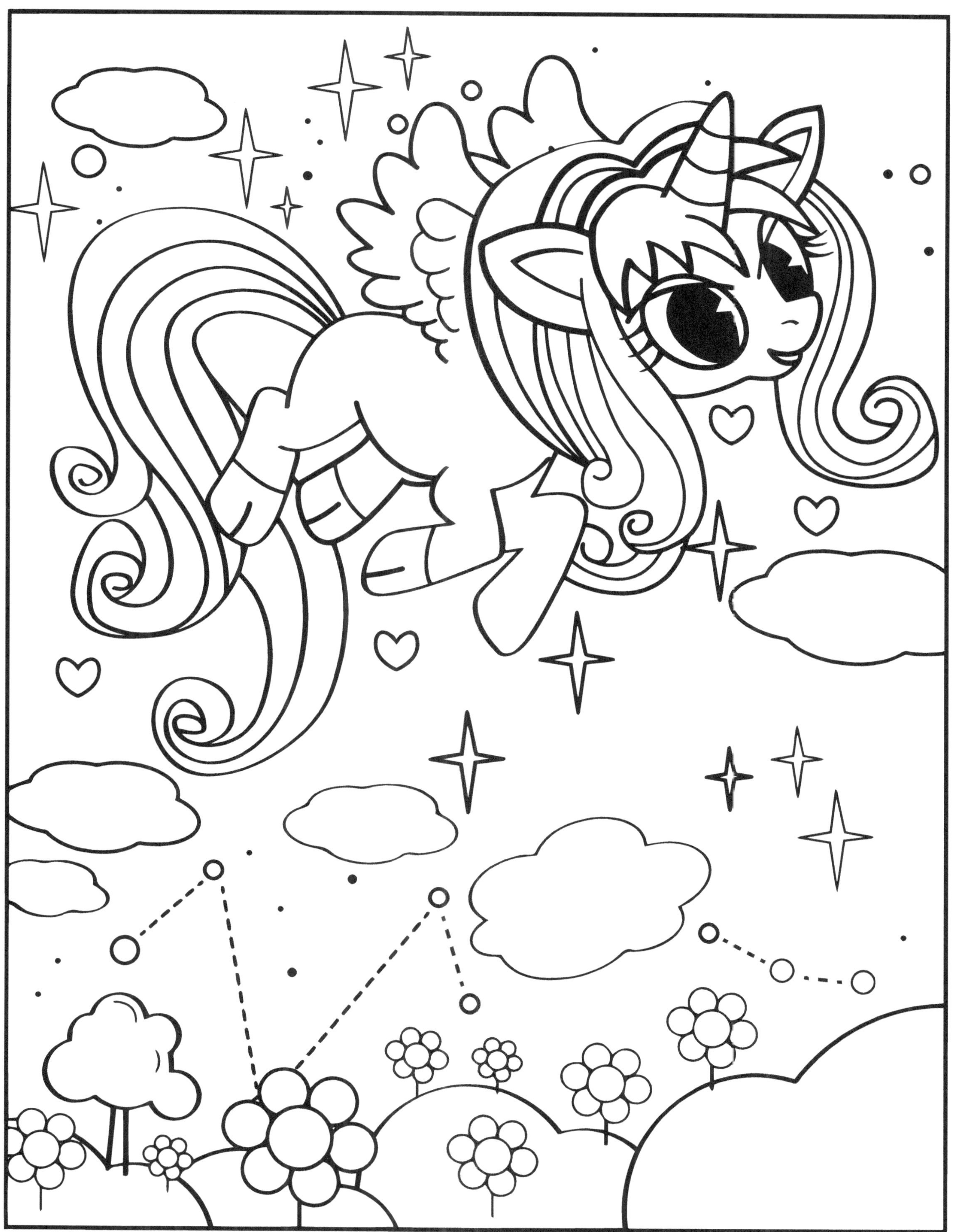

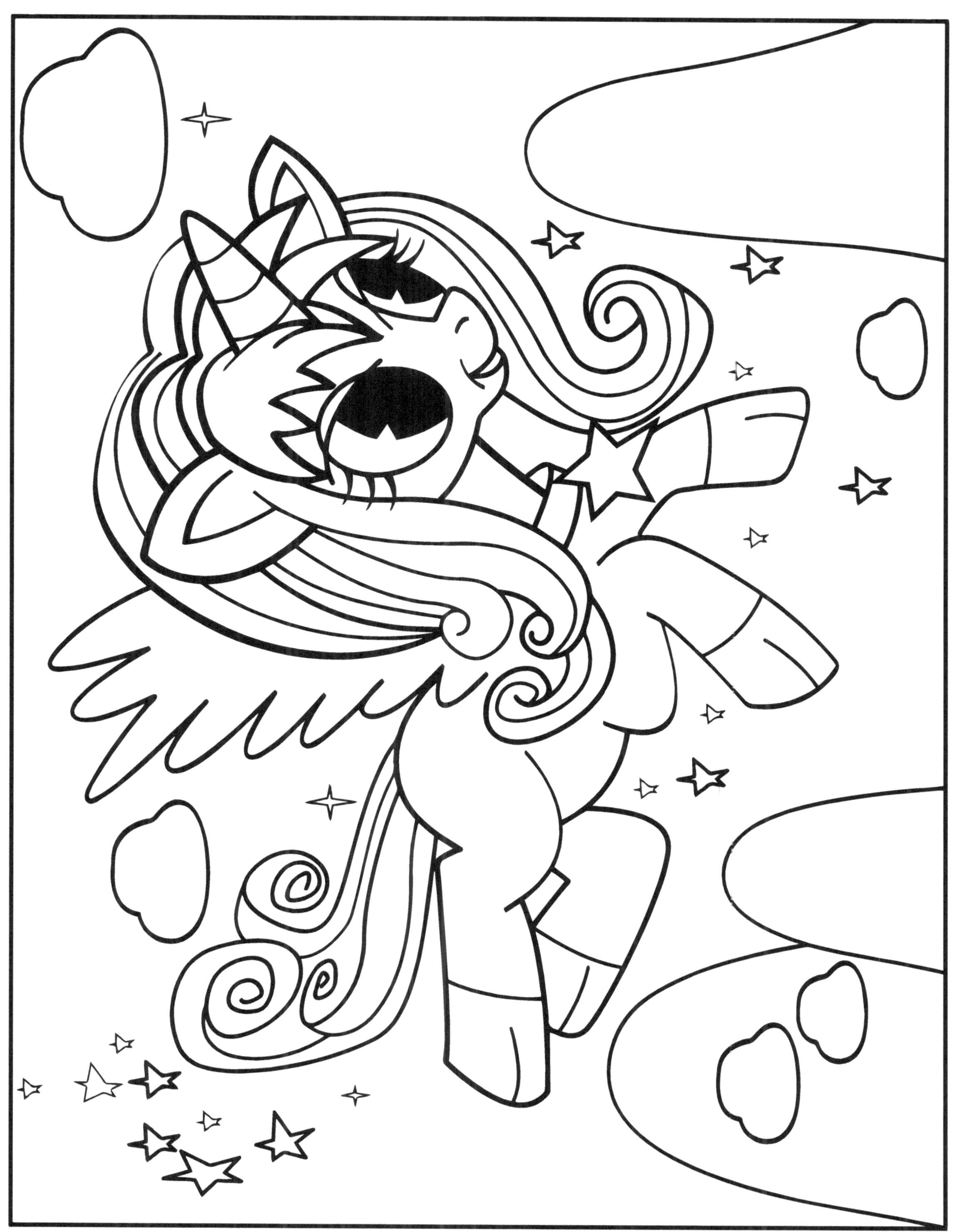

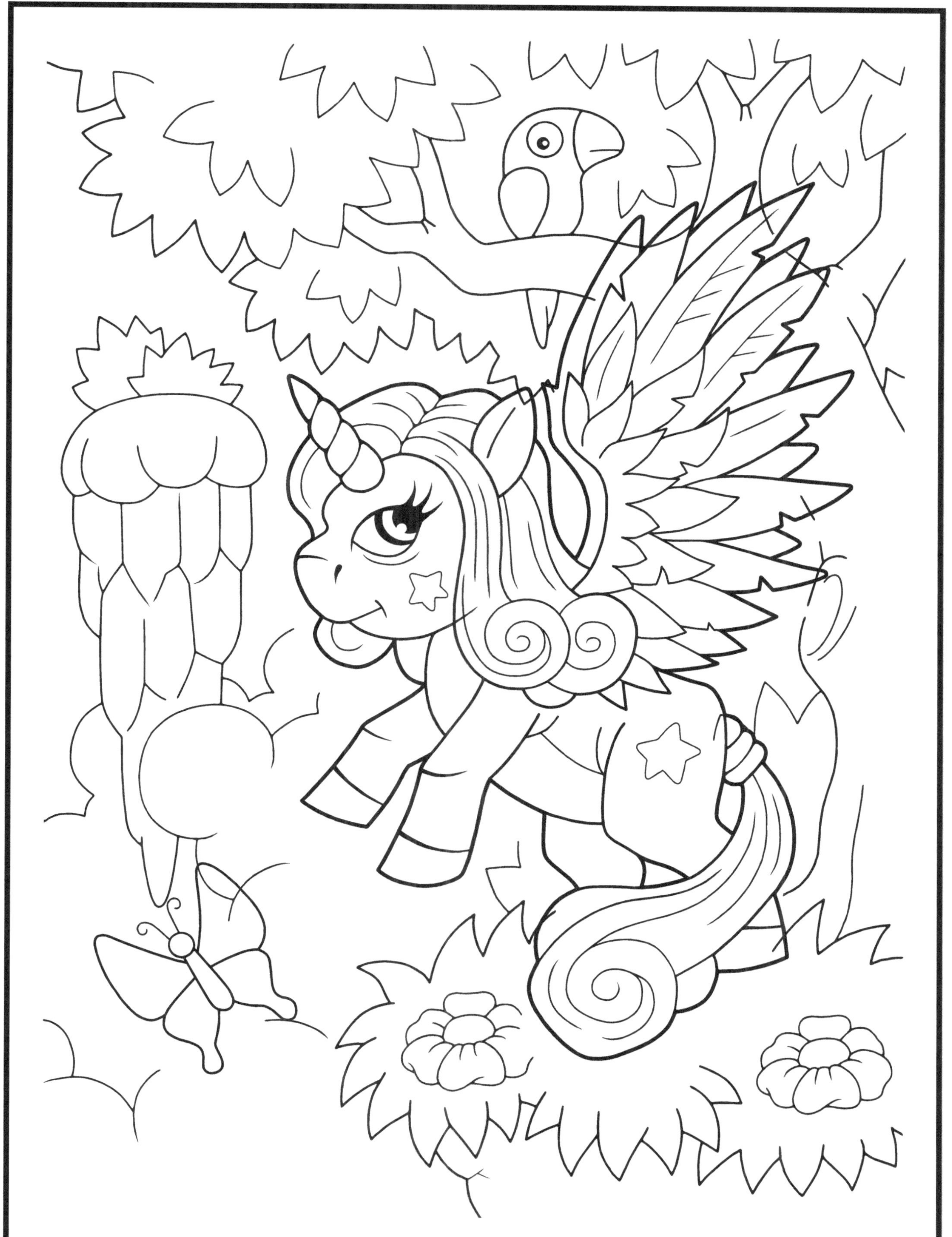

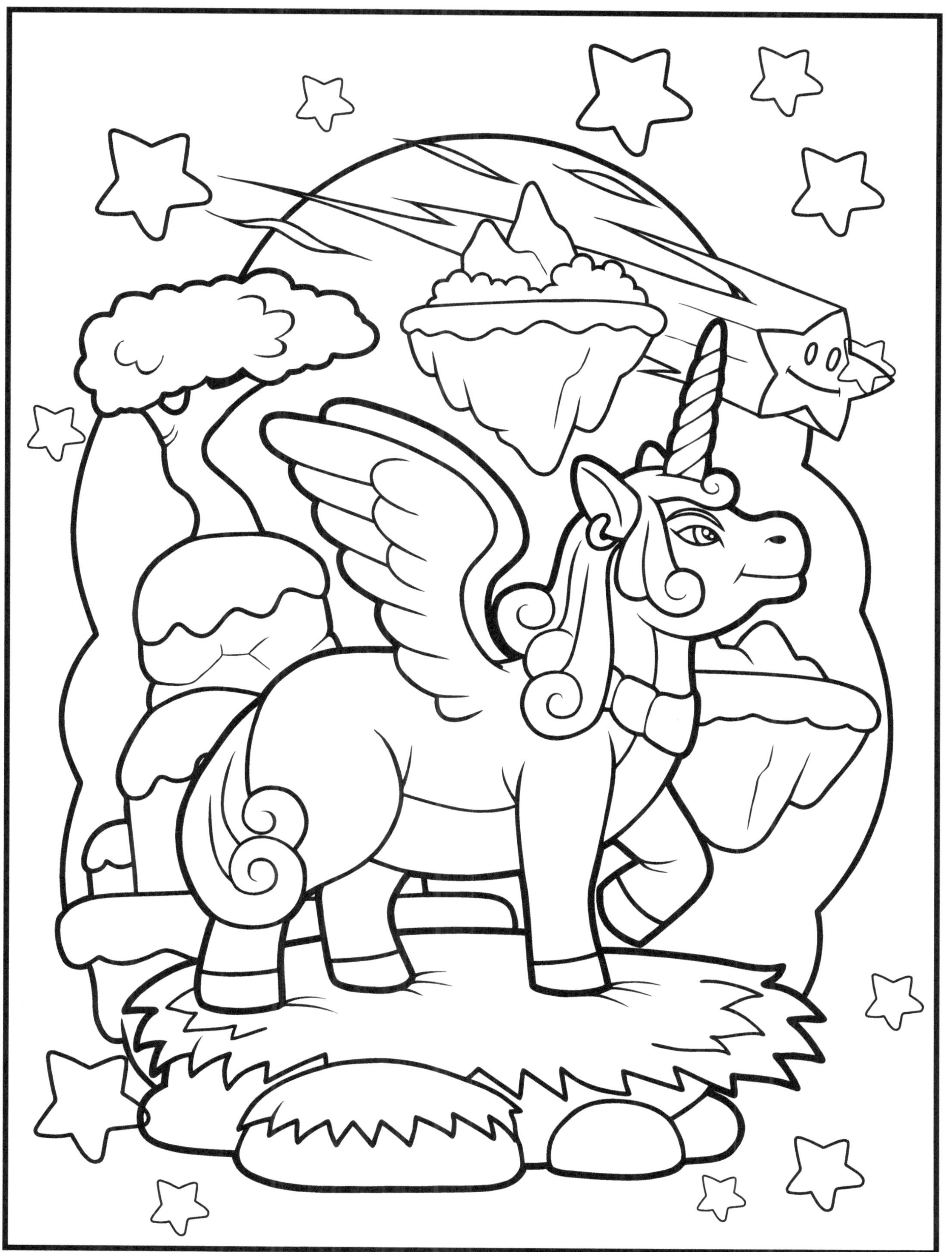